August Seidel

Togo-Sprachen

unikum

August Seidel

Togo-Sprachen

ISBN/EAN: 9783845723624
Erscheinungsjahr: 2012
Erscheinungsort: Bremen, Deutschland

www.unikum-verlag.de | office@unikum-verlag.de

August Seidel

Togo-Sprachen

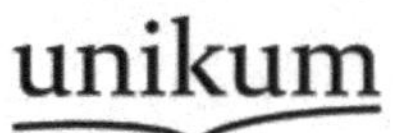

Togo-Sprachen.

Kurze Grammatiken, Vokabulare und Phrasensammlungen
der drei Hauptsprachen in Togo:
Anglo-Ewe, Anecho-Ewe und Haussa.

Von

A. Seidel.

Dresden und Leipzig 1904.
C. A. Kochs Verlagsbuchhandlung
(H. Ehlers).

Vorwort.

Die fortschreitende Entwicklung des deutschen Togo-Gebiets, insonderheit die Bestrebungen zur Einführung einer Baumwollvolkskultur, ziehen von Jahr zu Jahr mehr Europäer ins Land und lassen das Bedürfnis nach praktischen Hilfsmitteln zur Erlernung der hauptsächlichsten Eingeborenensprachen immer mehr hervortreten.

An der Küste bis zum 7° im Norden herrscht das Ewe in zwei Dialekten. Der Anglo-Dialekt im Westen (Lome) ist seit langer Zeit von den Bremer Sendboten bearbeitet worden. Die vortreffliche Grammatik von Schlegel ist aber heute stark veraltet, das Wörterbuch von Knüsli der Öffentlichkeit bisher nicht zugänglich. Der Anecho-Dialekt in Klein-Popo ist erst in neuerer Zeit durch die katholische Mission und die Einführung in die Regierungsschulen zu Bedeutung gelangt. Außer Fibeln von Koebele und Walter ist bisher wenig darüber veröffentlicht. Die vorliegende Grammatik ist der erste Versuch einer systematischen Darstellung der Sprache. Henrici hat zwar in seinem Lehrbuch der Ephe-Sprache beide Dialekte berücksichtigt, den Anecho-Dialekt aber ganz ungenügend behandelt.

Die Inland-Sprachen sind noch wenig erforscht. Proben von 17 derselben hat der leider zu früh verstorbene Plehn gesammelt; sie sind in meiner Zeitschrift für afrik. und ozean. Sprachen (Jahrg. V, S. 201 ff.) von mir bearbeitet und veröffentlicht worden. Auch einige Spezialarbeiten der katholischen Mission sind ebendaselbst erschienen. Sonst ist aber noch wenig bekannt geworden. Doch harren noch Sammlungen von den Herren Graf Zech, von Carnap, Direktor Hupfeld u. a. der Veröffentlichung.

Das Haussa, in ganz Nordwestafrika verbreitet, ist die Sprache des Karawanenhandels, der ganz in den Händen von Angehörigen dieses Volkes liegt. Die vorliegende kurze Skizze der Grammatik beruht auf den vortrefflichen Arbeiten von Schön, besonders auf dem

Studium der von ihm veröffentlichten Texte[1]) (Māgána-n-Hausa). Die neuerlichen Arbeiten des Engländers Robinson bedeuten keinen erheblichen Fortschritt gegen Schöns Forschungen. Sein Verdienst ist, das arabische Element im Wortschatz überall erkannt und die Bedeutung vieler Wörter richtiger angegeben zu haben. Aber weder hat er die grammatische Erkenntnis gefördert, noch die sehr erheblichen Lücken unseres derzeitigen Haussa-Wörterbuchs ausgefüllt. Was aber die Schreibung der Sprache anlangt, so bedeuten Robinsons Arbeiten gegen Schön einen entschiedenen Rückschritt.

Ein ausführliches (ca. 20 Bogen), systematisch geordnetes Wörterbuch des Haussa (Haussa-deutsch-französisch-englisch) nebst einem Abriß der Grammatik (deutsch-französisch-englisch) vom Verfasser des vorliegenden Buches erscheint demnächst im Verlage von Julius Groos in Heidelberg.

Es erübrigt mir noch die angenehme Pflicht, der Kolonial-Abteilung des Auswärtigen Amts, sowie dem Herrn Verleger, die durch ihre Opferwilligkeit das Zustandekommen der vorliegenden Arbeit ermöglichten, auch an dieser Stelle meinen aufrichtigen Dank auszusprechen.

Berlin, 29. April 1904.

A. Seidel.

---

[1]) Vergl. die Quellenangaben auf S. 72.

I.

Grammatische Elemente des Ewe (Anlo) nebst Gesprächen und Wörterverzeichnissen.

A. Laute und Schreibung.

1. Die Eŵe haben keine eigene Schrift erfunden; ihre Sprache wird mit lateinischen Buchstaben unter Hinzufügung einiger unterscheidender Zeichen und griechischer Buchstaben geschrieben.

2. Die einfachen Vokale sind

a) lang: ā, ē, ẹ̄, ī, ō, ọ̄, ū; sie lauten wie die fettgedruckten Vokale in folgenden Wörtern: **V**a**ter, S**ee**le, b**e**ten (sprich: bäten), mir, **o**ben, w**a**ter (engl., zwischen a und o), Kugel;

b) kurz: a, e, ẹ, i, o, ọ, u; sie lauten wie in: hatte, stellen, Mitte, List, T**o**n (aber kurz), M**o**tte, Huld.

Anm. e liegt zwischen e und i, o zwischen o und u; nie dürfen sie wie e und o in stellen oder M**o**tte gesprochen werden. Im Deutschen sind die beiden Vokale nicht vorhanden.

c) nasaliert: ã, ẽ, ẹ̃, ĩ, õ, ọ̃, ũ! sie sind immer halblang und lauten wie die unter a) genannten mit ganz schwacher Nasalierung, erheblich schwächer als im Französischen: ā^ng, ē^ng, ẹ̄^ng, ī^ng, ō^ng, ọ̄^ng, ū^ng.*)

3. Die vokalischen Zwielauter (Diphthonge) sind: iọ; oe, oẹ, oi; uẹ, ui; diese werden so gesprochen, daß man den zweiten Vokal betont und den ersten ganz kurz und flüchtig spricht.

Auch vokalische Dreilauter kommen vor:

uie und uiẽ; der Ton liegt auf u (sprich: úye, úye^ng).

4. Treffen zwei Wörter zusammen, deren erstes vokalisch schließt, das folgende vokalisch anlautet, so wird oft einer der beiden Vokale elidiert und zwar nach dem Grundsatze, daß a sämtliche Vokale verdrängt und u und o stärker sind als i und e.

ŵu anyi wird also z. B. zu ŵ' anyi.

Treffen zwei a zusammen, so weicht meist das zweite.

---

*) ein g darf aber nie hörbar sein.

5. Die Konsonanten sind

	Verschluß-laute	Reibe-laute	Zitter-laute	L-laute	Resonanz-laute:
Zahnlaute:	t, d	s, z	r	l	n
Lippenlaute:	p, kp, b, gb,	ẃ, w	—	—	m
Kehllaute:	k, g	h, γ	—	—	ṅ
Gaumenlaute:	—	χ, y, š, ž	—	—	ny
Zungenlaute:	—	tš, dš, dž, dz,	—	—	—
Lippenzahnlaute:	—	f, v	—	—	—

6. Davon lauten t, d, l, n, p, kp, b, gb, m, k, g, h, f wie im Deutschen.

Die übrigen werden folgendermaßen gesprochen: s stets wie ss in reißen, z dagegen wie s in reisen, r stets mit der Zungenspitze, γ wie ein in der Kehle gesprochenes glattes (nicht rollendes) r, χ wie ch in ich, y wie deutsches j, š wie deutsches sch, ž wie j im französischen journal, ny wie deutsches nj, tš wie tsch, dš wie deutsches dj, dž wie französisches dj (also ein j wie in journal mit vorgeschlagenem d), dz wie deutsches ds, v wie deutsches w.

Der Laut w wird wie im Englischen mit beiden Lippen (nicht wie im Deutschen mit Oberzähnen und Unterlippe) gebildet.

ẃ ist ein mit beiden Lippen gesprochenes f, der Laut, den man beim Pusten bildet.

ṅ klingt wie ng in enge, wenn man das g dabei soviel wie möglich verschwinden läßt.

7. Der Wortton liegt meist auf der Endsilbe; Abweichungen sind durch einen dem Vokal nachgesetzten Akut (a´) gekennzeichnet.

8. Von Wichtigkeit ist auch die Beachtung der sogenannten Intonation, da sie in vielen Fällen zur Unterscheidung der Bedeutung sonst gleichlautender Wörter dient.

Wir unterscheiden dabei den steigenden und den fallenden Ton eines Vokales (ersteres durch á, letzteres durch à bezeichnet). Vokale mit steigendem Ton sind so zu sprechen, daß man mit der gewöhnlichen Stimmhöhe einsetzt und dann (aber in einem Atem) nach oben abweicht, etwa so, wie wenn man auf einen Ruf mit der Frage „ja?“ antwortet. Beim fallenden Ton setzt man etwas höher, als der gewöhnliche Sprechton ist, ein und geht dann nach unten, etwa wie wenn man auf einen Ruf „gleich“ antwortet.

So unterscheidet man z. B.:

a) di (im gewöhnlichen Sprechton) = begraben.
b) dí (mit steigendem Ton, also etwa = di-i, wobei das zweite i um 3—5 Töne höher zu sprechen ist. Das Ganze muß aber einsilbig und kurz bleiben) = wünschen.
c) dì (mit fallendem Ton) = tönen.

8a. Wenn der Vokal e Wortbildungspräfix eines Substantivs ist, fällt er im Zusammenhange der Rede stets ab, oft auch das Präfix a.

B. Elemente der Formenlehre.

I. Das Hauptwort.

9. Das Hauptwort hat kein grammatisches Geschlecht. Das natürliche Geschlecht wird meist durch besondere Wörter, öfter auch durch die Endsilben tšu (männlich), no̱ (weiblich) ausgedrückt, z. B. so̱tšu (Hengst), so̱no̱ (Stute).

10. Die Mehrzahl wird durch die Endsilbe wo*) bezeichnet, z. B. ame̱ (Mensch): ame̱wo (Menschen).

Anm. 1. Steht hinter dem Hauptwort der Artikel, ein Fürwort oder ein Eigenschaftswort, so tritt die Pluralendung an diese, z. B.: χo̱ kó̱kó̱ (hohes Zimmer): χo̱ kó̱kó̱wo (hohe Zimmer).

Anm. 2. Steht ein Zahlwort bei dem Hauptwort, so bleibt die Endung wo ganz fort: ame̱ blave, zwanzig Männer.

11. Dekliniert wird das Hauptwort nicht. Der Nominativ steht stets vor dem Zeitwort, das Objekt im Dativ und Akkusativ dahinter; dadurch allein sind diese Kasus gekennzeichnet, also: ame̱ „der Mensch„ und „den Menschen".

12. Der Genitiv kann im Ewe nur von einem Hauptwort abhängig sein. Er wird durch seine Stellung vor dem regierenden Hauptwort deutlich bezeichnet: ame̱ ta (eines Menschen Kopf) Kopf eines Menschen.

Oft tritt w̓e zwischen diese Verbindung: ame̱w̓e ta = Mensch sein Kopf.

13. Der Dativ als direktes Objekt ist vom Akkusativ nicht unterschieden, als Dativus commodi oder incommodi neben einem direkten Objekt wird er durch na (eigentlich = geben) umschrieben:

wone̱ ko̱ na do̱laa
sie-brachen Nacken dem Boten.

14. Der bestimmte Artikel lautet in der Einzahl wie in der Mehrzahl stets unverändert a (seltener la) und wird dem Hauptwort angehängt: ame̱a, der Mensch; ame̱awo, die Menschen (vergl. § 10, Anm. 1).

II. Das Fürwort.

15. Das persönliche Fürwort hat zwei Formen. Die erstere, das selbständige Substantivpronomen, lautet

nye, ich	miawo, wir
wo, du	mía, ihr
e, ye, eye, er, sie, es	wo, sie.

Anm. e, ye und eye werden ohne Unterschied für die deutschen Formen er, sie und es gebraucht. Neben miawo kommt auch miayo̱ (wir alle) vor.

*) Schlegel: o (identisch mit dem persönl. Fürwort der 3. Person im Plural).

16. Das **Konjugationspronomen**, die zweite Form des persönlichen Fürwortes, lautet:

me, ich	mi, wir
wo (oder nẹ), du	mí, ihr
e, für Lebewesen } er, sie auch wò } es	wo, sie.

Über ihre Verwendung vergl. §. 28.

Anm. H. giebt neben mi auch mie, neben mí auch mié.

17. Die **Objektsformen des persönlichen Fürworts** (Dativ und Akkusativ) lauten:

me, mir, mich	mi, uns
wo, dir, dich	mí, euch
e, ihm, ihn; ihr, sie; es	wo, ihnen, sie.

Anm. 1. Neben me wird auch ye gebraucht und zwar stets nach Verben, die auf m auslauten bez. im Intentionalis oder Kontinuativ stehen (vergl. §§ 39, 40). me wird gern in m verkürzt.

Anm. 2. Neben wo (dir, dich) giebt H. auch nẹ.

Anm. 3. Tritt das Fürwort e an ein Verbum auf u oder o, so werden ue und oe zu ui; geht e oder i vorher, so werden e-e und i-e zu í, gehen aber dem Vokal zwei Konsonanten vorher, zu ui; geht endlich a, ọ, ẹ vorher, so wird das Fürwort e zu ẹ (a-ẹ dann oft kontrahiert in ẹ).

Anm. 4. Neben wo (sie, ihnen) giebt H. auch woawo und yewo.

18. Der **Dativus commodi** oder **incommodi** des persönlichen Fürworts lautet:

nam, mir	nami, uns
nawo, dir	namí, euch
naẹ, nẹ, ihm; ihr	nawo, ihnen.

19. Das **besitzanzeigende Fürwort** lautet als **Attribut**:

ye, he, ši, aŵe, mein	mia, miawo, miaŵe, unser
wo, woŵe, dein	mí, mía, miaŵe, euer
ye, e, eŵe, ŵe, sein	wo, woawo, woŵe, ihr.

Diese Formen stehen **vor** dem Hauptwort und werden (mit Ausnahme der mit -ŵe gebildeten) mit demselben zusammengeschrieben, z. B. aši (Hand): ši-aši (meine Hand).

Für die erste und zweite Person der Einzahl finden sich außerdem die Formen -nye (mein) und -wo (dein), die dem Hauptworte angehängt werden, z. B. fofo (Vater): fofonye (mein Vater)*).

Anm. he und ši in der ersten Person bezeichnen ausschließlichen Besitz, -nye und ye mehr persönliche Beziehung.

20. Das **substantivische besitzanzeigende Fürwort** lautet:

yetọ oder tọnye, der (die, das) meinige	miatọ der unsrige
	míatọ, der eurige
wotọ oder tọwo, der deinige	wotọ, der ihrige.
etọ od. eyetọ, der seinige, ihrige	

*) Die Pluralendung tritt natürlich dahinter: fofonyewo (meine Väter).

Eine verstärkte Form wird durch Einschiebung von ṅütọ gebildet:

yeṅütọtọ, mein eigen — miawoṅütọtọ. unser eigen
woṅütọtọ, dein eigen — míaṅütọtọ, euer eigen
eṅütọtọ, sein, ihr eigen — woṅütọtọ, ihr eigen.

21. Das **rückbezügliche Fürwort** wird durch dokui allein oder in Verbindung mit dem besitzanzeigenden Fürwort ausgedrückt:

yedokui, hedokui, mich selbst — miawodokui, uns selbst
wodokui, dokuiwo, dich selbst — míadokui, euch selbst
edokui, yedokui, sich selbst — wodokui, sich selbst.

Diese Formen können durch angehängtes ṅüti noch verstärkt werden.

22. Das **Identitätsfürwort** wird mit der Endung -la oder -ṅütọ gebildet:

nyela, nyeṅütọ, } eben ich, ich selbst — mila, miawola, miṅütọ, miawoṅütọ } eben wir, wir selbst
wola, woṅütọ, } eben du, du selbst — míla, míala, míṅütọ, míaṅütọ, } eben ihr, ihr selbst
ela (ea, eẹ), eṅütọ, } eben er, sie; er, sie selbst — wola, woṅütọ, } eben sie, sie selbst.

Anm. Die Formen mit -ṅütọ geben im Genitiv das deutsche „mein, dein 2c. eigen“ wieder, z. B. nyeṅütọ ẁe, mein eigenes Haus. Statt dessen werden aber lieber die folgenden Formen mit -ṅüti gebraucht: yeṅüti, heṅüti (mein eigen), woṅüti, ṅütiwo (dein eigen), (y)eṅüti (sein eigen), miawoṅüti (unser eigen), míaṅüti (euer eigen), woṅüti (ihr eigen).

23. Das **hinweisende Fürwort** ist e'he oder e'ke, e'ši, Mehrzahl ehewo, ekewo, ešiwo. Diese Formen werden auch mit dem Artikel verbunden: ehea, ehela, ekea, ekela, ešia. Diese sämtlichen Formen bedeuten ohne Unterschied „dieser“ und „jener“.

Das hinweisende Fürwort steht **hinter** dem Hauptwort; das anlautende e fällt dann ab.

Substantivisch werden auch gebraucht: amẹhe, amẹke, amẹhela, amẹkela, dieser, jener; nuke, nuhe, nukela, nuhela, dies, das, jenes.

24. (eben-) **derselbe** ist heake, auch in Verbindung mit den persönlichen Fürwörtern: eheake, ebenderselbe.

25. Das **bezügliche Fürwort** ist he, ke oder ši (ohne Unterschied).*)

In Fällen, wo wir im Deutschen das Relativ von einer Präposition würden abhängen lassen, tritt im Ewe an das Ende des Satzes eine entsprechende demonstrative Wendung, z. B.:

ablẹgọ enye dẑikpui ši afọ enẹ nọa egọme
Stuhl ist Sitz welcher Beine vier sind unten.

*) Das Pluralsuffix tritt hinter das Relativ, welches auf ein Hauptwort folgt: amẹ šiwo, die Menschen, welche.

Substantivische Relativpronomina sind amẹke oder amẹhe (derjenige, welcher); nuke oder nuhe (das, was).

26. Fragefürwörter: amẹka, wer? nuka, was?

27. Unbestimmte Fürwörter: deke, irgendein; amẹde, amade, amẹdeke, amadeke, jemand; nade, nadeke, nuade, nane, irgend etwas.

„Niemand" und „nichts" werden durch amẹde u. s. w. bez. nade u. s. w. in Verbindung mit einer negativen Verbalform ausgedrückt.

III. Das Zeitwort.

28. Das Zeitwort bildet nur ein Aktiv, kein Passiv. Es bestehen 4 Tempora: Präsens, Präteritum, Futurum, Aorist.

An Aussageweisen (Modi) werden unterschieden: Infinitiv, Imperativ, Indikativ, Partizip.

Die Personen werden nicht durch Endungen, sondern durch die persönlichen Fürwörter ausgedrückt.

Paradigma der einfachen Formen.

29. Das Verbum du, essen, bildet z. B. folgende Formen:

a. Infinitiv.

des Präsens:	du, essen
des Präteritums:	edu, gegessen haben
des Futurums:	adu, essen werden
des Aorists:	dua, essen.

b. Imperativ.

des Präsens:	dui, wodui, iß!	dui, mídu, esset!
des Futurs:	adu, woadu, iß!	adu, miadu, esset!

c. I. Indikativ des Präsens.

medu, ich esse	miedu, wir essen
wodu, nẹdu, du ißt	mídu, ihr esset
edu*), er, sie, es ißt	wodu, sie essen.

c. II. Indikativ des Präteritums.

mẹdu, ich aß	miedu, wir aßen
woedu, nẹdu, du aßest	míedu, ihr aßt
eedu, ẹdu, edu*), er, sie, es aß	woedu, wodu, sie aßen.

c. III. Indikativ des Futurums.

madu, ich werde	essen	miadu, wir werden	essen.
woadu, du wirst		míadu, ihr werdet	
eadu, er, sie, es wird		woadu, wodu, sie werden	

*) Im Zusammenhange der Rede meist verkürzt zu du.

c. IV. Indikativ des Aorists.

medua, ich esse	midua, wir essen
wodua, du ißt	mídua, ihr eßt
edua, er, sie, es ißt.	wodua, sie essen.

d. Partizipium.

dume, dum, dudume, dudum essend, gegessen werdend.

Paradigma der einfachen Formen.

30. Die vier Infinitive sind zugleich die Grundformen für die Bildung der vier Tempora des Indikativs. „Um zu" beim Infinitiv ist he, z. B. h'ayi, um zu gehen (von yi).

31. Die Verben auf o und u haben im Imperativ ui, die auf e entweder í oder bei vorhergehender zweifacher Konsonanz ui: dí, nimm! (von dé), kpui, verweigere (von kpe). In der Bedeutung sind beide Imperative nicht verschieden.

Der Imperativ wird oft durch die Formverben he (nimm!), na (gieb!) oder nahe verstärkt: heyi, nayi oder naheyi, geh doch!

Anm. Eine an die dritte Person gerichtete Aufforderung wird durch ne oder nehe oder ehe mit dem Infinitiv ausgedrückt: neyi, neheyi, eheyi er soll gehen, laß ihn gehen. Diese Form kommt auch in abhängigen Sätzen als eine Art finaler Konjunktiv vor. (Vergl. die Texte.)

32. Die Person wird durchweg durch Vorfügung der betreffenden persönlichen Konjugationsfürwörter (§ 16) bezeichnet. Dieselben werden mit den Tempuspräfixen vielfach kontrahiert und bleiben auch in der Fragekonstruktion vor dem Verbum stehen: wodu, „du ißt" und „ißt du?"

Ist ein Substantiv Subjekt, so fällt das Pronomen der dritten Person in Einzahl und Mehrzahl fort: dadi dua (statt edua) lã, die Katze frißt Fleisch.

33. Das Präsens hat keinen besonderen Tempuscharakter, das Präteritum hat die Vorsilbe e-, das Futurum a-, der Aorist die Endung -a.

34. Der Aorist bezeichnet die Handlung an sich ohne Beziehung auf eine bestimmte Zeit, z. B. dadi dua lã, die Katze frißt Fleisch, d. h. nicht jetzt (dies würde sein dadi du lã oder dadi le dum lã), sondern überhaupt, sie pflegt es zu fressen.

35. Das Partizip*) hat aktive und passive Bedeutung. Die reine reduplizierte Form ist nur von einfachen Stammverben (bestehend aus einem Konsonanten und einem Vokal, wie du) üblich.

---

*) Die Form ist eigentlich = du-me = im Essen, in edendo.

Verben mit sogenannter verstärkter Wurzelform*) nehmen bei der Reduplikation an erster Stelle die reine Wurzel, z. B. gbọgblọm (von gblọ, sagen).

Zusammengesetzte Verben werden nicht verdoppelt; ihre Bestandteile — wenn beide Verben sind — werden indessen in dieser Form umgestellt: dogbe (beten): gbedom betend.

Die verneinten Verbalformen.

36. Die **Verneinung** lautet me**)—wð. Der erste Teil tritt vor, wð hinter den Verbalstamm bez. Tempusstamm. Dadurch werden die persönlichen Fürwörter vom Verbum getrennt und nehmen nun die selbständige Form an (§ 15):

a. Infinitiv

des Präsens:	medu wð, nicht essen;
des Präteritums:	mẹdu wð, nicht gegessen haben;
des Futurums:	madu wð, nicht essen werden;
des Aorists:	medua wð, nicht essen.

b. Imperativ***)

des Präsens: megadu wð, iß nicht! — megadu wð oder míegadu wð, eßt nicht!

des Futurums: magadu wð, iß nicht! — magadu wð oder míamagadu wð, eßt nicht!

c. I. Indikativ des Präsens.

nye medu wð, ich esse nicht	miawo medu wð†), wir essen nicht
wo medu wð, du ißt nicht	mía medu wð††), ihr eßt nicht
e (eye) medu wð, er, sie, es ißt nicht	wo medu wð, sie essen nicht.

---

*) Verstärkte Wurzelformen sind solche, deren anlautender Konsonant durch Zusatz eines l, r, p, k u. s. w. oder deren auslautender Vokal durch Zusatz eines Vokals verstärkt ist. fọ und mi sind einfache, flọ und miẹ verstärkte Wurzeln.

**) Dafür mẹ, wenn das Verbum mit ẹ oder ọ auslautet: mẹkpọ wð, nicht sehen.

***) Der Imperativ fügt außerdem wie ersichtlich ga- vor die Wurzel (vergl. § 42). In der dritten Person sagt man: emegadu wð oder nẹgadu wð, er soll nicht gehen, und: womegadu wð oder nẹgadu, sie sollen nicht gehen. Im Futurum, gleichbedeutend: emagadu wð oder nẹmagadu wð bez. im Plural womagadu wð.

†) Nebenform miedu wð.

††) Nebenform míedu wð.

c. II. Indikativ des Präteritums.

nye mẹdu wɔ̀, ich aß nicht	miawo mẹdu wɔ̀*), wir aßen nicht
wo mẹdu wɔ̀, du aßest nicht	mía mẹdu wɔ̀**), ihr aßt nicht
e (eye) mẹdu wɔ̀, er, sie, es aß nicht	wo mẹdu wɔ̀, sie aßen nicht.

c. III. Indikativ des Futurums.

nye madu wɔ̀, ich werde nicht essen	miawo madu wɔ̀***), wir werden nicht essen
wo madu wɔ̀, du wirst nicht essen	mía madu wɔ̀†), ihr werdet nicht essen
e (eye) madu wɔ̀, er, sie, es wird nicht essen	wo madu wɔ̀, sie werden nicht essen.

c. IV. Indikativ des Aorists.

nye medua wɔ̀, ich esse nicht	miawo medua wɔ̀††), wir essen nicht
wo medua wɔ̀, du ißt nicht	mía medua wɔ̀†††), ihr eßt nicht
e (eye) medua wɔ̀, er, sie, es ißt nicht	wo medua wɔ̀, sie essen nicht.

d. Partizipium wird nicht gebildet.

37. Der zweite Teil der Verneinung wɔ̀ steht stets am Ende des Satzes, aber vor dem Satzartikel la (vergl. § 73).

Umschreibende Konjugation.

38. Durch Umschreibung werden gebildet der Kontinuativ, der Intentionalis, der Konsekutiv und der Iterativ.

39. Der Kontinuativ, die Form der andauernden Handlung, wird durch Verbindung des Verbums le (sein) mit dem Partizipium (und zwar meist in der reduplizierten Form) gebildet, z. B. mele dum oder mele dudum, ich bin beim Essen, ich esse gerade.

Die Konjugation ist regelmäßig, wie die des einfachen Zeitworts du; nur im Infinitiv bleibt le gewöhnlich (bei zusammengesetzten Verben immer) fort: dum und ledum (essen), aber nur gbedom (beten).

Anm. Auch sonst bleibt das Hilfszeitwort le mitunter fort.

40. Der Intentionalis, die Form der beabsichtigten Thätigkeit, wird gleichfalls mit Hilfe des Verbums le (sein) gebildet. Hierzu tritt dann das betreffende Zeitwort mit folgendem ge:

---

*) Nebenform miẹdu wɔ̀.
**) Nebenform míẹdu wɔ̀.
***) Nebenform miadu wɔ̀.
†) Nebenform míadu wɔ̀.
††) Nebenform miedua wɔ̀.
†††) Nebenform míedua wɔ̀.

mele du ge, ich beabsichtige zu essen; nye-mele du ge wò, ich beabsichtige nicht zu essen u. s. w.

Die Konjugation ist regelmäßig; im Infinitiv bleibt le fort wie beim Kontinuativ: du ge, beabsichtigen zu essen, um zu essen.

Anm. Ein nominales Objekt tritt beim Intentionalis vor das Verbum:

hefofo eyi alakle de ge.
Mein-Vater ging einen-Leoparden zu-jagen.

41. Der Konsekutiv wird mit wá*) (oder seltener fa) gebildet, das unmittelbar vor den Verbalstamm tritt; im übrigen ist die Konjugation regelmäßig: mewadu, ich esse sogleich; mawadu, ich werde sogleich essen; mewadu, ich habe sogleich gegessen. Der Aorist fehlt; wadu, eilends essen u. s. w.

Was die Bedeutung anlangt, so drückt der Konsekutiv aus, daß etwas „sogleich, eilends, unversehens, unmittelbar darauf, in ununterbrochener Reihenfolge, schnell" u. s. w. geschieht.

42. Der Iterativ bezeichnet die Wiederholung der Handlung. Er wird durch die dem Verbalstamm vorgesetzte Silbe ga gebildet: megádu, ich esse wieder (oder noch); magádu, ich werde wieder essen; megádu, ich habe wieder gegessen; megádua, ich esse wieder; gádu, agádu, wieder essen.

Negative Formen scheinen nicht gebildet zu werden.**)

Verschiedenes.

43. Das fehlende Passiv wird durch die dritte Person des Plurals im Aktiv ersetzt.

44. „sein" ist entweder le oder nye; das erstere bedeutet: irgendwo sein, sich befinden, verweilen, während nye „einen Begriff erklärt".

45. Besondere Aufmerksamkeit erfordern die sogenannten Form- oder Hilfsverben.

Die Eweleute lieben es, eine Handlung anschaulich in den einzelnen Stadien ihres Verlaufs darzustellen. Vieles, was wir als einen Begriff mit einem Worte zusammenfassen, zerlegen sie in seine Bestandteile und drücken diese einzeln aus. Wir sagen z. B. „bringen"; der Ewemann sagt: führen nehmen kommen geben (kplō dé fa na). Aber auch manche Adverbien, Konjunktionen werden durch Formverben umschrieben.

Besonders häufig kommen in solchen Verbindungen gewisse Verben allgemeiner Bedeutung vor wie na (geben), le (sein), yi oder de (gehen), tšo (hervorkommen), se (angrenzen), dé (fassen, nehmen), tšo (nehmen), lé (ergreifen), no (sitzen) u. s. w., z. B.:

wotšoa kütu woa ka. Na tšo nadeke du ge nam
sie-nehmen Wolle zu-weben Faden. Gieb nimm etwas zu-essen gieb-mir.

---

*) Eigentlich ein Verb mit der Bedeutung: sich aufmachen, rührig sein, eilen; fa ist = kommen.

**) Außer dem Imperativ: megadu wò, iß nicht wieder!

Manche Formverben kommen selbständig nicht mehr vor, z. B. gbli (nehmen), he (haben, halten, tragen), de (sein), di (bleiben).

Anm. 1. gbli dient zur Umschreibung von „und“ oder „mit“, z. B. megbliwo yi (ich nehme dich zu gehen =) ich gehe mit dir, ich und du gehen, ich nehme dich mit.

Anm. 2. Über he vergl. § 31. Man sagt gern he yi (nehmen gehen =) gehen mit; he fa (nehmen kommen =) bringen; he na (nehmen geben =) geben u. s. w.

Anm. 3. de und di stehen oft in Verbindung mit Ortsbezeichnungen, z. B. da di (legen bleiben =) hinlegen; kplē di (zurücklassen bleiben) dalassen u. s. w.

46. Das häufigste Formverb ist na (geben). Es wird gebraucht

a) zur Verstärkung des Imperativs (§ 31);
b) zur Bezeichnung des Dativs (§§ 13, 18);
c) in Verbindung mit yi (gehen) zur Bezeichnung des Zieles: eyi na Kedši (er geht nach Kedši);
d) in der Bedeutung „lassen“: na miyi (laßt uns gehen).

Anm. In den Fällen unter b und c steht es oft ohne Objekt, das vielmehr aus dem Vorhergehenden zu ergänzen ist. Oft vertritt es einfach den Akkusativ des persönlichen Fürworts der dritten Person.

47. Sehr häufig sind die Zeitwörter zusammengesetzt und zwar

a) aus zwei Verben: ẃode, werfen (aus ẃó, schlagen, und de, gehen);
b) aus einem Verb und einem Substantiv: wu nu, vollenden (aus wu, übermögen, und nu, Ende);
c) aus einem Verb und einem Adverb: do go, hinausgehen (do, gehen; go, draußen).

Die Zusammensetzungen unter a sind entweder bereits fest verschmolzen und untrennbar, wie subo̱ (dienen), oder noch lose und dann nehmen sie ihr Objekt in die Mitte, z. B. ṅlo̱ be (vergessen): eṅlo̱ nya be, er hat das Wort vergessen.

IV. Das Eigenschaftswort.

48. Eigentliche Eigenschaftswörter sind selten, da es zahlreiche Verben giebt, die eine Eigenschaft bezeichnen, z. B. fa (kühl sein) neben fafa (kühl).

Beinahe von jedem Verbum kann durch Verdoppelung ein Adjektiv in der Bedeutung des Partiz. der Vergangenheit gebildet werden.

49. Häufige Eigenschaftswörter sind z. B. gā (groß), vi, suē̱ (klein), nuiē (gut, schön), vō̱ (böse), didi (lang), kpui (kurz), gbo̱lo (leer), dšo̱dšo̱e̱ (gerecht), gbadšā (breit, weit) u. s. w.

50. Das Eigenschaftswort ist stets unveränderlich. Als Attribut steht es hinter dem Hauptwort: χo̱ kókó, Zimmer hohes = hohes Zimmer. — Ist das Eigenschaftswort Prädikat, so kann die Kopula im affirmativen Präsens auch fehlen.

51. Die Komparation wird durch wu (übertreffen) umschrieben:

a) dadi le gã wu afi. } = Die Katze ist größer
Katze ist groß übertrifft Maus } als die Maus.
ele gã wuwo katã }
b) er-ist groß übertrifft-sie alle } = er ist am größten.

V. Das Zahlwort.

52. Die Grundzahlen sind:

1. de, deka	16. wui ade
2. eve	17. wui adre
3. etọ̃	18. wui nyi
4. enẹ	19. wui nyidẹ, wui ašiẹkẹ
5. atọ̃	20. blave
6. ade, ãde	21. blave vo deka
7. dadrẹ*)	22. blave vo eve u. s. w.
8. nyi	30. blātọ̃
9. nyidẹ, ašiẹkẹ**)	40. blanẹ
10. ewo	50. blaatõ
11. wui deka***)	60. blaade
12. wui eve	70. blaadre
13. wui etõ	80. blanyi
14. wui enẹ	90. blanyidẹ
15. wui atọ̃	100. alafa.

105. alafa gbli†) atọ̃; 200. alafa eve; 1000. akpe; 2000. akpe eve; 10000. akpe ewo; eine Million akpe akpe.

53. Die Grundzahlen stehen hinter dem Hauptwort: dadi atọ̃, fünf Katzen (ohne Pluralendung! vergl. § 10, Anm. 2).

54. Die Ordnungszahlen werden von den Grundzahlen durch die Endung -lea abgeleitet, z. B.: nyilea, der achte; wui evelea, der zwölfte; blavelea, der zwanzigste; akpelea, der tausendste.

Unregelmäßig sind aber:
der erste: gbãgbiãgbãto††), gbãto oder ṅkọgbea;
der zweite: mekpetọ, eyiometọ, dometọ neben evelea;
der dritte: tọ̃lea.

55. Andere Zahlen: deka gbli†) deka, je einer; ši deka, einmal; ši dekalea, zum ersten Male; kpala (erstens), mekpela (zweitens), tọleala (drittens), nẹleala (viertens), atõleala (fünftens) u.s.w.

Die Multiplikation wird mit tewe gebildet, dabei wird der Multiplikator redupliziert:

1×2 = dekadeka tewe deka	4×4 = enẹnẹ tewe enẹ
2×2 = veve tewe eve	5×5 = atọ̃tọ̃ tewe atọ̃
3×3 = etọtọ tewe etọ	6×6 = adede tewe ade

---

*) Auch adre und adadre (Schl.).
**) H. auch ašidẹkẹ.
***) H. auch wuidekẹ.
†) H. kple.
††) Sch. kpãkpiãkpãto.

7×7 = dadreadre tew̑e adre
8×8 = nyinyi tew̑e nyi
9×9 = nyidẹnyidẹ tew̑e nyidẹ
10×10 = ewowo tew̑e ewo.

56. Unbestimmte Zahlwörter: katā, kpatā (katā), alle, ganz, z. B. amẹwo katā oder amẹ katā (alle Menschen); nu katā, alles. — gedē, viel, z. B. amẹ gedē, viele Menschen. — fū, fugedē, sehr viel. — vīade, vīde, ein wenig, z. B. tši vīde, ein wenig Wasser. — vīvīvī, ein ganz klein wenig. — nẹniẹ, wieviel? z. B. amẹ nẹniẹ, wieviel Menschen? ho nẹniẹ, wieviel Kauris? (wie teuer?) — bu, ein anderer. — šia, jeder, ganz. — amẹšiame, jedermann; nušianu, alles.

VI. Ersatz der Präpositionen.

57. Eigentliche Präpositionen fehlen; sie werden durch Hauptwörter und Verben umschrieben.

a) Ersatz durch Hauptwörter.

Solche Hauptwörter sind:

me, Inneres, für: in
dome, Zwischenraum, für: zwischen, unter
titina, Mitte, für: inmitten, mitten in (örtlich und zeitlich).
ṅū, Außenseite, für: an
gbọ, Seite, für: neben, bei
χa, Seite, für: hinter, zwischen
dši, Oberes, für: auf, über
tame, Kopfinneres, für: über
gonu, Diesseits, für: diesseits
godo, Jenseits, für: jenseits
anyi, Boden, für: unter
dé, Unteres, für: unter
mo, ṅkume, Antlitz, für: vor, gegenüber
ṅgọ, Vorderseite, für: vor, gegenüber
megbe, Rücken, für: hinter, nach (örtlich und zeitlich)
ṅūti, Außenseite, für: wegen, um — willen, aus (Beweggrund)
ta, Kopf, für: auf, über.

b. Ersatz durch Verben.

le, sein = an
tšo (auch hatšo), herkommen = von . . . her
yi, de, gehen = nach . . . hin
na, geben = für; nach (Ziel)
gbli, nehmen = mit (§ 45)
χlẹ, umgeben = um . . . herum.

Anm. 1. Viele Verben sind im Ew̑e transitiv, die wir mit Präpositionen zu verbinden pflegen, z. B. etšo Aṅlọ, er kam von Aṅlọ; eyi Kedši, er ging nach Kedši.

Anm. 2. Die Adverbien anọ und ba (ungefähr) können zum Ersatz der Präpositionen „um . . . herum, gegen“ dienen: anọ alafa, gegen hundert; γetrọ ba, gegen Abend.

58. Die Hauptwörter, welche zum Ersatz von Präpositionen dienen, werden mit dem Genitiv verbunden und stehen deshalb nach; die Verben stehen im Infinitiv und zwar vor dem abhängigen Kasus, z. B.

a) χọ me, Hauses Innere = in dem Hause.
χọ titina, Hauses Mitte = mitten im Hause.
ati ṅū, Baumes Außenseite = am Baum.

efofo gbọ, seines Vaters Seite = bei seinem Vater.
toa dši, Berges Obere = auf dem Berge, auf den Berg.
ṅkẹkẹ etõ megbe, dreier Tage Rücken = nach drei Tagen.

b) edšitre le tá la nu, er steht am Seeufer.
amẹ gedẹ wofa tšo ẇe me, viele Leute kommen von dem Innern her.
ekplọ alẹ yi aẇu ta, er führte das Schaf an den Meeresstrand.
ewọ dọ na enọvi, er arbeitet für seinen Bruder.

59. Hängt im Deutschen ein persönliches Fürwort von einer Präposition ab, so muß im Eẇe dafür

a) in Verbindung mit Hauptwörtern: das besitzanzeigende Fürwort (§ 19),
b) in Verbindung mit Verben, die Objektsform des persönlichen Fürworts (§ 17)

eintreten; z. B. wo-dome, zwischen ihnen; nam, für mich.

VII. Die Konjunktionen.

60. *Wortverbindende*: gbli, und (§ 45); kple, gbagbli, und; alō, oder; hã, auch; dédéko (mit neg. Verb) — nẹ hã, nicht nur, sondern auch.

61. *Satzverbindende*: a) *beiordnende*: eyia, dann; eyiata, eata, eẹta, deshalb, daher; eyiañūti, eañūti, deswegen; nẹ (seltener na), und, aber, sondern; dédé, dédéla, dédékola, alsbald, sogleich, dann; gake, dennoch, anderseits; ekemã, dann, in diesem Falle.

b) *unterordnende*: be, bena, daß (z. B. nach Verben des Sagens); bealeke, wie; nẹ, wenn; ganẹ, daß nicht, damit nicht; ehe, eši (auch eheme), als, da; šike, nẹnẹ, ob; hafi, bis, ehe (nicht).

VIII. Die Adverbien.

62. Die *Adverbien* sind meist von Substantiven oder Fürwörtern abgeleitet. Die gebräuchlichsten sind:

a) des *Ortes*

fi, fike (fihe, fiha), afi, afike (afika), gahe, } hier, hierher, von hier	megbe, hinten
	mẽe, rückwärts
	χa, daneben, dabei
afim(a), gam(e), da, dort, dorthin, von dort.	džengo, gegenüber
	dšiẇo, oben, nach oben
fika (afika), gaka, wo? wohin?*) woher?	gō, draußen, hinaus
	gonu, gahe, diesseits
afiade, afiadeke, irgendwo	godo, jenseits
afišiafi, überall	ẇē, fern
nugbe, irgendwo, weg	kpuiẇe, nah
anyi, unten, nieder	fihe, fike, wo, woher, wohin (relativ).

*) afika woyi na, wohin gehst du?

b) der Zeit

egbe, egbeta, heute
etšọ, gestern; morgen
nyitšọ, vorgestern; übermorgen
nyitšọ ke mē, vorvorgestern, überübermorgen
azọ, azọla, azọgo, azọtọ, azọtọla, } jetzt, nun
dāhe, dāke, dāši, dẹgbẹ, dẹ̀gbẹdẹ̀gbẹ*), } immer
walẹbẹ, wolẹbẹ, gbekagbe } wann?
gbehegbe, gbekegbe, gbekemgbe, } wann (relativ)
gbeadegbe, irgendwann
ṅkekeademe, irgendwann
gbedegbedegbede, jemals, (mit Neg.) niemals
fifi, fifila, fifilahe, sogleich
fifiko, sogleich, jetzt erst
dāẁela, alljährlich
gbaotšogbe, täglich
ndi, morgens
fọṅọli, ndikānyā, } früh morgens
etšọ fọṅọli, gestern früh; morgen früh
ndọ, nyidọ, mittags
ndọkutšu, frühnachmittags
ɣetro, spätnachmittags
fiāyi, abends
hoho, schon, bereits, längst
dikadika, vor alters
kpākpiākpā, zuerst, anfangs
kpāla, zuerst
ekemāme(la), damals.

c) der Art und Weise u. a.

ale, alekenẹ, alemā, wie?
aleke, ale**), } so, wie
be aleke, wie (relativ)
nẹnẹ, nẹnẹm, nẹnẹmko, } so, also.
nẹnẹma, nẹnẹmake, } gerade so, ebenso
anọ, ba, } ungefähr, etwa
kaba***), kabakaba, schnell
dọdọ, langsam, deutlich, klar
blẹō, blẹū, langsam
ẁā, langsam; ganz und gar
sẹ́sẹ́, laut
dšā, ṅọnyọ̄, } heimlich, leise
kpa, kpakpa, kpém } sehr.
ṅūtọ, wirklich, in der That, vollkommen
ē, yō, ja
wò, dabi, nein
kurā, gänzlich, ganz und gar
māhā, hā, ā, Fragepartikel.

63. Adverbielle Bestimmungen des Raumes und der Zeit werden meist durch das Formverb le (sein), auf die Frage wohin? auch durch de oder yi eingeleitet, z. B.:

hänge Schlüssel sein †) Wand an.
ku safiwo de gli ṅūti.

---

*) H. tígbe, tígbetégbe.

**) Oft noch verbunden mit nẹ — nẹ, z. B. ale wonẹ χlē nẹ māhā, wie liesest du?

***) Schl. auch dédéla, fifilahe; H. auch dabla.

†) etwa gleich: so daß sie sind.

C. Einiges aus der Syntax.

64. Der Artikel tritt oft auch an ein mit dem besitzanzeigenden Fürworte verbundenes Hauptwort (vergl. Satz 35 und 53).

65. In Verbindung mit dem Konditionalis und Intentionalis eines Zeitworts steht das Objekt stets vor dem Verbum, es sei denn, daß es ein persönliches Fürwort ist (vergl. die Sätze 9, 23, 28, 29, 30, 31, 32 u. s w., aber Satz 2).

66. Das Futurum wird häufig in zweifelnden Fragen gebraucht, wo wir das Hilfszeitwort „sollen" verwenden (vergl. Satz 93).

67. In abhängigen Absichtssätzen, nach der Partikel be, steht das Futurum im Sinne eines deutschen Konjunktivs (vergl. die Sätze 64, 75, 82, 100).

68. Das Verbum le im Kontinuativ eines Verbums kann durch nọ (pflegen, eigentlich wohnen), dé gbli und de aši (beginnen) ersetzt werden. In diesem Falle ist nur die unverkürzte Partizipialform (du me, dudu me) gebräuchlich; z. B. enọa fifi me (er wohnt im Stehlen =) er pflegt zu stehlen; edé gbli do wọwọ me*), er beginnt zu arbeiten.

69. In Fragesätzen und Relativsätzen wird das Hilfsverb le im Kontinuativ oder Intentionalis eines Verbums dem Partizipium nachgestellt (vergl. S. 32, 33).

70. Wenn von zwei beigeordneten oder über- und untergeordneten Sätzen der eine verneint ist, so tritt die Negation wò stets an den Schluß des zweiten Satzes, auch wenn dieser nicht verneint ist, z. B.:

amade	meyia	ši,	tšọ	agba	katā	χ'a	fe
Jemand	nicht-geht	Markt,	nimmt	Last	ganze	zu-bezahlen	Schulden

wò
nicht.

Ein Beispiel für den Fall, daß beide Glieder verneint sind, siehe § 75.

71. Die Objektsfürwörter (§ 17) werden dem Verbum stets angehängt; im Kontinuativ treten sie vor m bez. me, im Intentionalis vor ge. (Vergl. die Sätze 2, 17, 23, 38, 42, 44, 71.)

72. Das Verbum „haben" wird mit aši (Hand) umschrieben (vergl. S. 59 und 92). „Bekommen" wird stets mit kpọ tšo (sehen herkommen von) gegeben, z. B. ekpọ avọ tšo efofo, er bekam ein Kleid von seinem Vater.

73. Um den Satzschluß zu kennzeichnen, wird häufig la gebraucht, besonders am Schlusse von Nebensätzen, die dem Hauptsatze vorausgehen und zwar regelmäßig bei Bedingungs- und Temporalsätzen (vergl. S. 19, 61, 103, auch § 76).

74. Fragesätze werden durch die Fragepartikeln mähā, hā oder

---

*) me kann auch fortbleiben; auch kann nach de aši einfach der Infinitiv stehen (vergl. Satz 60).

a gekennzeichnet, die am Satzende stehen. Sie bleiben indessen häufig fort. (Vergl. Redensarten 9.)

75. Bedingungssätze werden durch nẹ (wenn) eingeleitet, z. B.

nẹ mede du me wò la, mela nu
wenn man-nicht-geht Stadt in nicht Satzschluß, nicht-ist etwas
kpọ ge wò.
zu-sehen nicht.

76. Die direkte und indirekte Rede wird stets durch be, bena (daß) eingeleitet.

D. Texte zur Einübung der grammatischen Regeln.

1. medé fofoa gbọ. 2. tšikọ le wuyem.[2])
Ich-nehme des Vaters Seite.[1]) Durst ist mich-überwältigend.
3. nya hela emede ta me wò. 4. elolo
Sache diese nicht-eingeht Kopfes Innere nicht.[3]) Er-ist-dick
gã. 5. emadé-ṅũ[4]) ado[5]) χọ me wò.
ist-groß, Er-wird-nicht-können eintreten Hauses Innere nicht.
6. hefofo fe lé enọvi ṅũ.
Meines-Vaters Schuld faßt seines-Bruders Außenseite.[6])
7. eda ši de aχọ̃̀ ṅũ. 8. dedie dé
Er-legte Hand zu-gehen des-Skorpions Außenseite.[7]) Müdigkeit faßt
amẹ-dšro ṅũ.[8]) 9. wole ṅũ-nye vem
Menschen-fremden Außenseite. Du-bist Außenseite-meine liebend
mãhã. 10. mayi gbe me. 11. efa
Fragepartikel.[9]) Ich-werde-gehen Busches Innere.[10]) Er-kommt
ŵe.[11]) 12. dši ede gbe[12]) } = es donnert.
Haus. Himmel er-läßt-ausgehen Stimme }
13. tši le fafam } = es regnet. 14. esọgbọ nye mele
Wasser ist kommend } Es-ist-zuviel ich bin-nicht
ŵle ge[13]) wò. 15. elabe nẹ makpọ avọ.
zu-kaufen nicht. Es-ist-nötig daß ich-sehen[14])-werde Kleid.

---

[1]) eine beliebe Schwurform (hinzuzudenken ist: als Zeugen). — [2]) Kontinuativ (§ 39) von wu mit eingeschobenem Objektspronomen ye (§ 17, Anm. 1). — [3]) = diese Sache geht nicht in den Kopf hinein = ist zweifelhaft. — [4]) negatives Futurum (§ 36). — [5]) Infinitiv des Futurs von do (§ 29). — [6]) d. h. haftet an seinem Bruder = Mein Vater ist seinem Bruder etwas schuldig. — [7]) = er legte die Hand an = berührte den Skorpion. — [8]) d. h. ergreift ihn = er wird müde. — [9]) = liebst du mich? — [10]) = in den Busch. [11]) statt aŵe (wegen des Akkusativs ŵe = nach Haus vergl. § 57, Anm. 1). — [12]) oder Mawu (Gott) ede gbe. — [13]) Intentionalis von ŵle (§ 40) = ich will (es) nicht kaufen. — [14]) d. h. bekommen.

16. edže devila be ebọbọ dokui[1]) na amẹ hoho.
Es-ziemt dem-Knaben daß er-bückt sich vor Menschen alten.
17. ede akpọẹ[2]) fika. 18. ekplọ alẽa de fa
Er-ging zu-sehen-ihn dort. Er-führte das-Schaf gehen kommen
nam. 19. gbe, ke mẹhẽ fa la,
zu-mir.[3]) Wort, welches ich-habe-getragen zu-kommen[4]) Satzschlußp.,
magblọ nawo. 20. eebẹ edokui[1]) d'afima. 21. eekplẽ
werde-ich-sagen dir. Er-verbarg sich dort. Er-ließ
yefofo gbli yedada di. 22. emefa hade
seinen-Vater und seine-Mutter bleiben.[5]) Er-kam-nicht noch
wò. 23. natšọ[6]) nadeke du ge[7]) nam. 24. nye mekpọ nadeke
nicht. Nimm etwas zu-essen gieb-mir. Ich sehe-nicht etwas
le[8])gam wò. 25. afika yi ge ŵa la? 26. efofo
dort nicht. Wohin zu-gehen eilt-er Fragepartikel. Sein-Vater
tšo[9]) gbea me. 27. egale[10]) dọlem. .
er-kam-her-von des-Busches Inneren. Er-ist-noch krank-seiend.
28. hefofo eyi aläklẹ de ge.[11]) 29. nu wọ ge[11])
Mein-Vater ging einen-Leoparden zu jagen. Etwas zu-thun
mẹfa. 30. nuka wọ ge mìefa mähä?
bin-ich-gekommen. Was zu-thun kamt-ihr Fragepartikel.
31. nuka kpọ ge miyi na hä? 32. nya
Was zu-sehen geht-ihr hin Fragepartikel. Wort
ka gblọm wole hä?[12]) 33. biẹ[13]), nuka
was-für-ein sagend bist-du Fragepartikel. Frage-ihn, was
dim ele.[12]) 34. enọa fifi me } = er pflegt zu
begehrend er-ist. Er-wohnt im-Stehlen } stehlen.[14])
35. eṅkua kpä } = er ist blind. 36. ewọ
Sein-Auge-das[15]) ist-gebrochen } Er-thut
dọ na dokui. 37. woṅẹ kọ naẹ. 38. ele .
Arbeit für sich-selbst. Sie-brachen Nacken ihm. Er-ist (im
dé ye ge.[16]) 39. mẹwọ na be aleke egblọ nam.
Begriffe) fassen mich zu. Ich-that es so wie er-sagte mir.

---

[1]) § 21. — [2]) Infin. des Fut. von kpọ und Objektsfürwort, über dessen Form man § 17, Anm. 3 vergl. — [3]) = er brachte mir. — [4]) he fa, tragen zu kommen = bringen. — [5]) kplẽ di, bleiben lassen = verlassen. — [6]) von tšọ (§ 31). — [7]) Infin. des Intentionalis. — [8]) vgl. § 63. — [9]) vergl. Anm. auf S. 13. — [10]) Iterativ von le (§ 42). — [11]) Infin. des Intentionalis (§ 40). — [12]) über die Wortstellung vergleiche § 69. — [13]) = bia und e (§ 17, Anm. 3). — [14]) vergl. § 68). — [15]) vergl. § 64). — [16]) = er ist im Begriff mich zu ergreifen (über die Stellung von ye vergl. § 17, Anm. 1).

40. woẃeto̱[1]) ke n'afa.[2]) 41. nya ka?
Dein-Herr selbst soll-kommen. Sache, was-für-eine.[3])
42. ame̱ka nawo eke? 43. ati kela ame̱ka to̱e̱
Wer gab-dir dies. Stock dieser, wessen Eigentum
māhā? 44. alekene̱ woewo̱e̱ māhā? 45. nye
Fragepartikel.[4]) Wie machtest-du-es Fragepartikel. Ich
me̱kpo̱ nadeke wò } = ich habe nichts gesehen. 46. megagblo̱[5])
sah-nicht etwas nicht Rede-nicht
ne̱ne̱ wò! 47. ele ne̱ne̱m. 48. ele aẃea me.
so nicht. Es-ist so. Er-ist des Hauses Inneres.
49. efo̱ zā titina. 50. eku amagā, eata
Er-stand-auf Nacht inmitten. Er-erreicht einen-Ältesten,[6]) deshalb
eviwo n'awo̱ nae̱. 51. edšitre le tala
seine-Kinder sollen-arbeiten für-ihn. Er-steht ist[7]) Sees-des
nu. 52. ewo̱ do̱ le fi. 53. ekpo̱ avo̱
Ufer. Er-thut Arbeit ist[7]) hier. Er-sah ein-Kleid
tšo efofoa. 54. ekplo̱ ṅúkpeto̱ de χo̱
herkommen-von seinem-Vater.[8]) Er-führte Braut hin Hauses
me. 55. eẃú le dó gonu. 56. wokpo̱ tó gā
Inneres. Kanoe ist Lagune diesseits. Sie-sahen Berg großen
de le ẃē. 57. etšo̱ fo̱ṅo̱li efa gbo̱-nye 58. etšo̱
in-der-Ferne. Gestern früh kam-er zu-mir. Morgen
ndikanyā mile tšotšo ge, 59. e̱gbeta nye
früh wir-sind (im Begriff) aufzubrechen. Heute ich
mekpo̱ vovo wò. 60. en'anyi fū, dédéla edé
sehe[9])-nicht Zeit nicht. Er setzte-sich-nieder kaum, dann begann-
aši ado̱[11]) ko̱lo̱i. 61. wodu vo̱ la
er[10]) zu-schlafen nicken. Sie-aßen völlig (Satzschlußpartikel).[12])
62. wo me̱kpo̱ fofoa? 63. nukaṅūti, ne̱ wokonu
Hast-du-nicht-gesehen den-Vater? Warum, daß du-lachst
aleke hā? 64. egblo̱ nam be mayi. agble[13])
so Fragep. Er-sagte mir daß ich-soll-gehen (zur) Pflanzung

---

[1]) = wo-aẃeto̱. — [2]) vergl. § 31, Anm. — [3]) Was giebt's? — [4]) d. h. wem gehört dieser Stock? Schl. schreibt: atike la, ame̱ kato̱e̱ māhā. — [5]) vgl. S. 8. — [6]) nämlich an Alter, d. h. er ist alt. — [7]) Vergl. § 63. — [8]) d. h. er erhielt ein Kleid von seinem Vater. — [9]) = habe. — [10]) dé aši = Hand anlegen. — [11]) Infin. des Fut. — [12]) = sie sind fertig mit essen. — [13]) Der Akkusativ agble ist abhängig von de ge, dem Inf. des Intentionalis von de (gehen). Man sagt ede agble (er geht auf die Pflanzung =) er ist ein Pflanzer, bebaut das Land; agbledela, Pflanzer, Landmann.

de ge, gakela egblọ be mawọ dọ le[1]) gahe.
zu-gehen, andrerseits sagte-er daß ich-soll-thun Arbeit zu-sein hier.
65. menye viwò. 66. woyọ naẹ be aleke efofo
Ich-bin-nicht dein-Kind. Sie-nannten ihn, wie sein-Vater
edó hoho. 67. wodà asabula, nẹ wodé lā.
gesagt-hatte längst. Sie-warfen Netz-das damit sie-fangen Fisch.
68. mele agbalẹhe ṅlọ ge vọ hafi mayi.
Ich-gedenke diesen-Brief zu-schreiben fertig ehe ich-werde-gehen.
69. ehe ṅū le kekem, miayi kaba. 70. ehe
Da Morgenröte leuchtet, wir-werden-gehen schnell. Als
mieyi na da, miekpe afẹse le mọa dši.
wir-gingen hin dort, trafen-wir Rebhuhn zu-sein dem-Wege auf.
71. menya wuwo { = ich weiß mehr 72. wodé
Ich-weiß dich-zu-übertreffen { als du. Sie-nahmen
ga naẹ, elabe ele tšu-kum. 73. aba le mọa dši.
Eisen für-ihn[2]), weil er-ist wahnsinnig. Kot ist dem-Wege auf.
74. le aba ṅūti, miedé ṅū[3]) asọ[4]) le[5]) mọhea[6]) dši.
Ist Kot weil, wir-können-nicht gehen zu-sein diesem-Wege auf.
75. mẹgblọ na ẃọtrukpala, be eawọ abati nam.
Ich-sagte zum Schreiner, daß er-solle-machen Bettstelle mir.
76. kahea elolo emedé ṅū ayi[4]) ṅku wò.
Faden-dieser-der ist-dick er-kann nicht gehen-durch Ohr nicht.
77. deviwo, h'ayi[7]), gbō̃wo le abọa me, nyawo ganẹ
Knaben, geht, Ziegen sind dem-Garten in, verjagt-sie, damit-nicht
wofa gberegberegbere wò.[8])
sie-kommen jemals nicht.
78. ō! emadé ṅū adà[9]) tu wò, abọdekatọ enye.
Ach! er-wird-nicht-können schießen Flinte nicht, einarmig er-ist.
79. detšihe le vévém[10]), dádi gedē le me. 80. ekpọ nim.
Suppe-diese ist scharf, Pfeffer viel ist darin. Er-sieht Ehre.[11])
81. adela enye. 82. mẹdo devinye de[12]) aši me,
Jäger ist-er. Ich-schickte Knaben-meinen hin Marktes Inneres,
be eaẃle adòdò, nẹ emẹkpọ dekedeke wò. 83. wo
damit er-kaufe Ananas, aber er-sah-nicht eine-einzige nicht. Du

---

[1]) Vergl. § 63. — [2]) d. h. legten ihn in Eisen. — [3]) Nebenform statt miawo medé-wò. — [4]) Inf. des Fut. — [5]) vergl. § 63. — [6]) = mọ (Weg) und he (dieser) und a (Artikel). — [7]) = he-ayi (Imper. des Fut., vergl. § 31). — [8]) das Negativum zu der in § 31 erwähnten Form. — [9]) Infin. des Fut. dà tu heißt einfach „schießen". — [10]) Kontinuativ von vé. — [11]) = empfängt Ehre, wird geachtet. [12]) Vergl. § 63.

makpo adǫdǫ wò, adǫdǫti le kukum.[1])
wirst-nicht-erhalten Ananas nicht, Ananasstock ist absterbend.
84. avuvo le wom. 85. afiatšu le wowom[3]), avuvo afa.
Kälte ist arbeitend.[2]) Nordwind ist blasend, Kälte wird-kommen.
86. afifiã le wom.[4]) 87. edé agbale na alãkle.
Hitze ist arbeitend. Er-nahm[5]) Fell dem Leoparden.
88. agblowú dìdì, nya . efa. 89. menye esrõ
Kriegstrommel tönt, Ereignis kommt.[6]) Er-ist-nicht ihr-Mann
ehe, ahoši enye. 90. megaye hotšui ne wò, aχamula enye.
dieser, Witwe ist-sie. Leihe-nicht Geld ihm nicht, ein-Säufer ist-er.
91. egbe nudala ewo akpono. 92. avoa deke mele
Heute Koch er-hat-gebacken Brot. Kleid-das ein ist-nicht
eši wò, elabe akufiato enye. 93. ale miawo
(in)-seiner-Hand nicht, weil Faulenzer er-ist. Wie sollen-wir-thun
hã? 94. anyĩtši le vivim[7]) kpem. 95. eši fesre
Fragepart. Honig ist süß sehr. Er-strich-an Fenster
gbli ano mũmũ. 96. egblo apasanya, menye
nehmend[8]) Farbe grüne. Er-spricht Unwahrheit, es-ist-nicht
nyadéwe wò. 97. asabudalawo le wowúwo[9]) me, wole
Wahrheit nicht. Fischer sind ihren-Kähnen in, sie-sind
wosabu[10])sam[11])98. ebla agba gbli[7]) atakpui 99. egbe ndikanyã
ihr-Netz bindend. Er-band Last mit Strick. Heute früh
ehe mefú hemo ne metutui[12]), aχõ le sosom[13])
als ich-wusch mein-Gesicht und ich-trocknete-es-ab, Skorpion ist laufend
le babanũ dši. 100. medui[14]) de Anlo, be eawle
da Handtuch auf. Ich-schickte-ihn nach Anglo, damit er-kaufe
bli nam. 101. nye mebu be nyadéwe he. 102. etšo
Mais mir. Ich glaube-nicht daß Wahrheit dies. Er-nahm
bula do agbo nu. 103. ehe wole ave
eine=Wache hinstellen Thores Eingang. Als sie-waren Wald
titina la, wobu mo. 104. nye menyie gake
inmitten Satzschluß, sie verloren Weg. Ich weiß-nicht gewiß
wò, mebu nya. 105. menye nene wò.
nicht, ich-habe-verloren das-Wort.[15]) Es-ist-nicht so nicht.

---

[1]) Kontinuativ von ku, absterben. — [2]) = il faid froid, es ist kalt. — [3]) Kontinuativ von wo. — [4]) il fait chaud, es ist heiß. — [5]) d. h. zog ab. — [6]) d. h. es muß etwas passiert sein. — [7]) Kontinuativ von vivi. — [8]) = mit (§ 57). — [9]) = wo-ewú-wo. — [10]) = wo-asabu. — [11]) Kontinuativ von sa, daher das Objekt vor dem Verbum. — [12]) = metutu-e (§ 17, Anm. 3). — [13]) Kontinuativ von so. — [14]) = medo-e (§ 17, Anm. 3). — [15]) d. h. ich habe die Sache vergessen.

106. nuka mada egbe māhā? 107. eγe hotu etọ
Was soll-ich-kochen heute Fragepart. Er-lieh Hotu[1]) drei
nam; nẹ gakela egblọ be enami hotu atō; e menye
mir; und trotzdem sagt-er daß er-gab-uns Hotu fünf; er ist-nicht
amẹ wò, amẹdáfula enye. 108. yi tsọ danu faẹ,
Mensch nicht, ein-Erpresser ist-er. Geh nimm Wage komm-sie,
be miada lāhe. 109. edà dàti, dédéla χevi
damit wir-wägen Fleisch-dies. Er-schoß Pfeil, sogleich Vogel
dše anyi. 110. edé kuku na edrō nẹ
fiel nieder. Er-nahm Hut dem (d. h. vor dem) Götzen[2]) daß
eatšọ via na esrọa. 111. deviwo, nadé
er-nehme das-Kind zu-geben seinem-Weibe. Knaben, nehmt
tši nu ativiwo! 112. déyi ẃe man'
Wasser tränkt Bäumchen. Rücke ein-wenig (daß) ich-setze-mich
anyi le fi. 113. emedé ṅū asọ wò. 114. ele nẹnẹm
nieder hier. Er-kann-nicht gehen nicht. Es-war so
dikadika. 115. anọ nẹnẹm dikadika. 116. dada
immer. Es-wird-bleiben so immer. Mutter
do awu na evila. 117. wodo ewufe de
legt-an Kleid dem ihrem-Kinde-dem. Sie-legten seine-Blutschuld auf
ta. 118. edo gbe na eχọlō. 119. efofo
Kopf.[3]) Er-sandte Wort[4]) seinem-Freunde. Sein-Vater
do mọ naẹ be ayi gbe me. 120. wodo
setzte Weg[5]) ihm daß er-ginge Feld in. Sie-haben-angezündet
dšo gā dele go ke mé me, edo tšo
Feuer großes dort Seite welche-gegenüber-an[6]), es-ist-sichtbar von
afike. 121. wodoli Adọ́kọ̀ zā mẹ. 122. dọ̀ le
hier. Sie-passierten Adoko Nacht in. Hunger ist
wuyem. 123. egbe ẃúkulawo madéṅū ayi ẃú
überkommend=mich. Heute Kahnruderer können-nicht gehen Schiff
me wò, elabe aẃu le kpódšam kéṅū. 124. tokunọ enye
in nicht, weil Meer ist wogend gänzlich. Taub ist-er
hatšo eẃe-dšidšila. 125. χọ me kọ̀ kéṅu.[7])
von seiner-Geburt-der. Zimmers Inneres ist-hell gänzlich.

---

[1]) ein Hotu Kauris = 50 Hoka à 40 Muscheln im Werte von etwa zwei Kreuzer das Hoka. — [2]) soviel wie: er bat den Götzen. — [3]) sie verurteilten ihn zum Tode. — [4]) d. h. grüßte. — [5]) d. h. erlauben. — [6]) = dort an der gegenüberliegenden Seite. — [7]) Weitere Texte findet man in meiner Zeitschrift für afrikanische und ozeanische Sprachen. Jahrg. VI, Heft 2.

E. Häufige Redensarten.

I. Allgemeine Fragen.

ele aŵeme mahã? (oder māhã)	Ist er zu Hause?
afika deviwo le?	Wo sind die Kinder?
egbe enye ašigbe mahã?	Ist heute Markttag?
nuka ŵle ge nẹva mahã?	Was willst du kaufen?
aši nẹniẹ? / ho nẹniẹ?	Wie teuer ist es? Was kostet es?
ga le šiwo mahã?	Hast du Geld?
Kedši mọ edidi?	Ist der Weg nach K. weit?
aleke mọla le?	Wie ist der Weg?
tši le mọ dši-ā?	Ist Wasser auf dem Wege?
miatšọm mahã?	Wollt ihr mich tragen?
miele yi ge[1]) egbe-a?	Werdet ihr heute aufbrechen?
woayi gblim mahã?	Willst du mit mir gehen?
enya tudada mahã?	Kann er schießen?
afika wotšo?	Woher kommst du?
afika woyi na?[2])	Wohin gehst du?
wosea?	Hast du gehört? Hast du verstanden?
mïese lō?[3])	Habt ihr gehört? Habt ihr verstanden?
woekplọ χọme mahã?	Hast du das Zimmer gekehrt?
woedse nāke mahã?	Hast du Holz gespalten?
woedo dšo de kpome mahã?	Hast du Feuer im Ofen gemacht?
mienyā nunyānyā mahã?	Habt ihr die Wäsche gewaschen?
woeŵle nāke mahã?	Hast du Brennholz gekauft?
woefia gbọ̃ notši mahã?	Hast du die Ziege gemolken?
koklo nẹniẹ le woši?	Wieviel Hühner hast du?
afika nẹkpọ tola le?[4])	Wo hast du den Büffel gesehen?
amẹka tọ he?[5])	Wem gehört das?
nya ka?	Was giebt's?
nukata mïefa hã?	Weswegen seid ihr gekommen?
Waya didia?	Wie weit ist's bis Waya?
ale woyọ eke? / aleke wo nẹ[6]) yọ nẹ eke	Wie heißt das?
alehe wo nẹ wọ nẹ?	Wie machst du es?
amẹkae? amẹka ye?	Wer ist da?
nẹkpọ danye mahã?	Hast du meine Mutter gesehen?
nuka wọm nẹle?	Was thust du?

---

[1]) Intentionalis von yi, vergl. § 40. — [2]) Vergl. 46 b. Am. — [3]) Statt lō kann natürlich auch māhã, hã, ã stehen. Auch kann die Fragepartikel überhaupt fortbleiben. — [4]) Vergl. § 63. — [5]) Antwort z. B. fofoa tọ he, dem Vater gehört es. — [6]) aleke (oder alehe) mit folgendem nẹ . . . . . ne = wie?

woetšo̱ adaka mahã?	Hast du die Kiste genommen?
ekpo̱ nuši wo̱wo̱ mahã?	Hat er gesehen, was du thatest?
aleke wo̱ eye?	Wie kommt es, daß...?
nyaka le miadome?	Was habt ihr miteinander? Warum streitet ihr?
nuka ṅũti mieva kple egbe wò?	Warum seid ihr bis heute nicht gekommen?
nuka kom miele?	Warum lacht ihr?
nuka ne̱wo̱ ešie?	Was hast du zu thun?

II. Befehle, Bitten, Verbote.

kpo̱ nyuiẽ!	Gieb acht! sieh wohl zu!
yi kaba!	Geh schnell!
ṅũtiwo ne̱ wo̱ kabakaba!	Beeile dich! mache schnell!
ẃui gbe d'afima!	Wirf's dorthin!
yi afime ẃẽ!	Geh ein wenig dorthin!
dè mẽgbe! χe yi! te da! dšo! tini!	Fort mit dir! Packe dich!
ṅo̱ deke megadši miwò!	Fürchtet euch nicht!
yo̱e da!	Ruf' ihn her!
tso̱e ve̱!	Bringe es her!
katse, katse kpo̱!	Hüte dich!
d'abla!	Mach schnell!
anyi kpō! do to kpō!	Sei ruhig!
hō nawò!	Schäme dich!
go kaba nadi!	Komm schnell herunter!
no̱ anyi kpō!	Sitz still!
mino̱ kpō!	Sitzt still!
tšo̱e kem!	Verzeihe es mir!
nawo̱ abe alešimegblo̱nawò ene̱!	Thue, wie ich dir sagte!
fiam!	Zeige es mir!
va gbo̱nye!	Komm zu mir!

III. Begrüßung.

ṅdi nawò lō!	Guten Morgen!
ṅdi goto̱! ṅdo̱gō!	(Antwort darauf.)
ṅdo nawò lō!	Guten Tag!
ṅdo goto̱! ṅdo̱gō!	(Antwort darauf.)
fiẽ nawò (namì) lō!	Guten Abend!
fiẽ̱ goto̱! fiẽ̱gō!	(Antwort darauf.)

mayi aẃe (ich gehe nach Haus)! mele aẃe yige (ich gehe nach Haus)!	Adieu! Lebe wohl!
d'aẃeme nyuíe degbọ, degbọ lõ!	Lebe wohl! Komm gut nach Hause!

IV. Befinden.

aleke nẹle mahã?	Wie befindest du dich? Wie geht es dir?
deviwo dọ?	Befinden sich die Kinder wohl?
srọ̃wo dọ?	Befinden sich die Frauen wohl?
aẃešia? aẃede?	Wie geht's zu Hause?
dedie te ṅũnye, ẹglom	Ich bin müde.
azọlizọzọ eglom.	Das Gehen hat mich müde gemacht.
fifia wọm fifia wọyem	Mir ist warm.
fifia tem fifia teyem	Mich schwitzt. Mir ist heiß.

V. Krankheit.

nuka le wọwòm? nuka le vem? nuka le vewòm?	Was fehlt dir?
mele dọlém, ye lãme gblẹ̃.	Ich bin krank.
dọ vevie ade lé nam.	Ich wurde schwer krank.
fu le wọm. fu le wọyem.	Ich leide.
kpé le ẃoyem.	Ich muß husten.
ta le duyem.	Ich habe Kopfweh.
adu (od. glã) le duyem.	Ich habe Zahnweh.
asra tšọẹ.	Er ist am Fieber gestorben.
eṅe abọẃu.	Er hat den Arm gebrochen.
eṅe ataẃu.	Er hat das Bein gebrochen.
nane gbã ṅku nam.	Es ist mir etwas ins Auge geflogen.

VI. Naturerscheinungen, Zeit.

ṅũ eke. ṅũ le kekem. fọṅọli eti.	Der Tag bricht an.
γe edze, agu edze.	Die Sonne geht auf.
ṅũ eke ẃã.	Es ist tageshell geworden.
γe do tame.	Die Sonne steht im Zenith.

anyigba le tšyǫtšyǫm.	Der Tag neigt sich.
γe yina ṅǫ.	Die Sonne steht tief. Es will Abend werden.
γe do to.	Die Sonne geht unter.
fię̃ wǫ, fię̃ le wǫwǫm.	Es wird Abend.
zã do.	Es wird Nacht.
γleti eto.	Der Mond geht auf.
γleti edi, γleti le didim.	Der Mond scheint.
γleti edze dši.	Der Mond nimmt zu.
γleti esǫ.	Der Mond ist voll.
γleti eku.	Es ist Neumond.
γelaγi edo, gbada esu.	Es ist Zeit.
tšotšoγi ele kpuie.	Es ist Zeit aufzubrechen.
ga nęnię w̔o?	Wieviel Uhr ist es?
w̔ù edike. / w̔ù emiẽ.	Die See geht zurück = es ist Ebbe.
w̔ù edǫ.	Die See steigt = es ist Flut.
w̔ù dze agbo.	Die See geht hoch, ist stürmisch.
w̔ù la nu eka tsetse.	Die See beruhigt sich.

VII. Das Wetter.

vuvǫ le wǫwǫm.	Es ist kalt.
yame fa, dši edo kloe.	Das Wetter ist kühl.
fię̃ wǫ mia.	Der Abend ist kühl.
dzome do.	Die heiße Zeit kommt.
ya ew̔u. / ya le w̔uw̔um.	Es erhebt sich ein Wind.
ya le w̔ow̔om.	Der Wind weht.
alilikpo le tutum.	Eine Wolke zieht auf.
tši edo kpekpekpe.	Es ist ein Regen im Anzuge.
ewǫ abe de tši le wuwuge enę.	Es ist, als ob es regnen wollte.
gbafię le nyǫ̃nyǫ̃m.	Es fällt ein feiner Regen.
dšieke dzo.	Es blitzt.
dši edegbe.	Es donnert.
tši la etsetse nu.	Der Regen wird schwächer.
dši eke.	Der Himmel klärt sich auf.
tši eklo.	Es kommt kein Regen.

VIII. Essen und Trinken.

dǫ̀ le wuyem.	Mich hungert.
tšiko le wuyem.	Mich dürstet.
miedo kplǫ̃ hoã.	Habt ihr den Tisch schon gedeckt?
tšǫ agba da de kplǫ̃ dši!	Stelle die Schüssel auf den Tisch!
detši etǫ̀.	Die Suppe ist dick.
abolo ew̔u tši.	Das Brot ist trocken.
dę dze viade vę nam!	Gieb mir etwas Salz!

medekuku, maχọ sukli viade!	Bitte, gieb mir ein wenig Zucker!
abolo le ašinye.	Ich habe Brot.
nye mẹkpọ dui hade wò.	Ich habe es nicht gegessen.
agba ele kplõ dši.	Die Schüssel steht auf dem Tische.

IX. Vermischte Sätze.

etšo Vodza.	Er ist aus V.
tọmelã le ẃu tšọm.	Der Fisch beißt an.
dzo dze aẃe. / dzo dze χọ.	Es brennt im Hause.
mayí tọme.	Ich will zum Brunnen gehen.
bliawo dome tšitši.	Das Korn steht dicht.
etšọ nye kpakple wò miayi W.	Morgen werden ich und du nach W. gehen.
amẹgã la tututu mele didim.	Eben den Ältesten suche ich.
ka la elã	Der Strick ist zerrissen.
mele yome.	Ich habe Zeit.
nyateẃe ye! / anukware ye!	Es ist wahr!
wọwọ deke megale wò.	Es ist nichts mehr zu thun!
dọ ele ṅũnye.	Ich habe zu thun.
χẹ nu etši.	Das Messer ist stumpf.
mava kaba aleši madeṅũi.	Ich komme so schnell wie möglich.
ale wowọna.	So geht es.
agba le wuyem.	Die Last ist mir zu schwer.
ewọ nam abe de . . . enẹ.	Es scheint mir, als ob . . . . .
ṅũ ekpem, / ṅũ ekpeyem.	Ich schäme mich.
χẹ la etu gotọ.	Das Messer hat den Griff verloren.
menya le wọwọm nam wò.	Es wird mir nicht leicht, das zu thun.
etši eṅũ.	Er hat kein Geschenk bekommen.
mekpọẹ.	Ich sehe es.
nye mekpọẹ wò.	Ich sehe es nicht.
nye enye 'ši.	Hier bin ich.
mekpọ vovo.	Ich habe Geld.

F. Deutsche Ewe-Wörter-Verzeichnis.

Aal, adayi.
Abend, fiẹ̃.
aber, gake.
abwischen, tutu nu.
Adamsapfel, vekọe, atsọkọe.
Ader, ẃuka; j. zu-lassen do go na amẹ.
Adler, hõ.
ähnlich sein, di, le abe . . . . enẹ, le abe aleši . . . . enẹ.
Ähre, liṅọ, bliti, luti.
alle, katã, kpatã.
allein, dede, dedeko.
alt, χoχo, hoho; — sein tši, χọ ẃe; er ist 2 Jahre — eχọ ẃe eve.

Ameise, anyidi, nyakõnyakõ, ŵodšoaŵe; e. fliegende — līli, schw. Wander— zānuvǫ̃e (wörtl. das böse Ding der Nacht), gr. schw. — šiši, nyatšu, alęklatšu; kl. schw. — didi, dovodovo, dedego (baut Nester an die Baumstämme); weiße — (Termite) baba, anyigbatǫ; rote, auf Bäumen lebende — gbedzẽ, agbasrī; kl. rote Haus— dededzẽ.

an, le nu ṅũ.

andere, bubu; der — ekemẽ, ekemẽke, amęke-mẽ; der eine — der — deka — deka hã, bu — bu; — Art bubuŵomevi.

anfangen, dze nu gǫme, to nu gǫme.

Angel, ŵę̃, ŵu.

Anker, seke; den — auswerfen da seke; den — lichten χo, ho seke.

anklopfen, ŵo ŵǫ, ŵo ŵǫ kokoko.

Antlitz, mo, ṅkume.

antworten, do ṅũ na amę, χo nya, dši na amę, to nu dši.

anziehen, e. Kleid do awu.

anzünden, do dzo, ši dzo, dza dzo to dzo nu; e. Licht — ši akadi.

arbeiten, wǫ dǫ.

Arm, abǫ.

Armband, abǫgę.

Arznei, atike; — bereiten wǫ atike.

Asche, afi, dzofi, dzowǫ.

Ast, alǫ.

athmen, gbǫ.

auf, le nu dši (dat.); de nu dši.

aufgehen, (Sonne) dze.

aufsetzen, den Hut do kuku; Speise aufs Feuer — do nu dzo dši.

aufstehen, tši, tšitre.

aufwachen, nyǫ̃ (ǫ̃).

Auge, ṅku, ṅũku.

Augenbraue, adšu, adšugo.

aus, tšo, — = wegen le nu ta; — welchem Grunde de nuka to? aus diesem Grunde de eši tǫ.

Aussatz, anyi.

außen, go, gota, tagba, gbeme.

ausstrecken, den Arm mlo abǫ.

Art, fia.

Bach, tǫ, tǫŵu.

Backe, alǫgo, alǫ.

baden, lé tši; e. Kind — le tši na devi.

bald, kaba, tšǫtšǫe; — gut — schlecht gbadewogbenyõ, gbadewogbe vǫ̃.

Banane, akǫdu; —brei akodudzogbǫ; —nstaude fakǫ.

Bank, amago.

Bart, gè.

Bauch, dǫ, dǫme, ŵo.

bauen, tù nu, tu nu de tšitre, tšo, dó, dí; e. Haus — tu χǫ; mit Backsteinen — do kpe; e. Mauer — do gli; e. Handmühle — di te; e. Nest — wǫ atǫ; den Acker — dé agble, de anyigba.

Baum, ati.

Becher, kplu.

bedecken, tšyǫ nu.

befehlen, dé se na amę do se.

begegnen, kpe amę.

begraben, di amę.

bei, le nu gbǫ, le nu ṅũ.

Beil, yikbo.

Bein, ata.

beißen, du nu.

bekleiden, ta avǫ.

Berg, tó.

Besen, abaya.

besuchen, kpǫ amę da.

Bett, aba, ada.

bezahlen, χé, χe fe na amę, tú fe, tu fe na amę.

Biene, anyī.

binden, bla nu, va nu, tši nu.

bitten, de kuku na amę.

bitter, veve.

bleiben, nǫ, tši.

blind, ṅkunǫ.

Blitz, dšikedzo; es blitzt dšiekedzo.

Blume, sewowo.
Blut, ewù.
Bogen, da, datì, gatí.
Bohrer, nuṅonui.
Boot, batala.
Bräutigam, ṅũgbetosrǫ̃.
brechen, gbã nu.
breit, keke, gbaba.
brennen, bì, fiã, χǫ, dra dzo.
bringen, tšǫ nu vẹ.
Brot, abolo.
Bruder, novi; noviṅũtšu; älterer — fǫ; jüngerer — fǫyǫvi.
Brunnen, tǫ, tǫme.
Brust, akǫ, akǫta, akǫnu; die weibliche — nõ.

Dach, χǫta.
damals, gbemãgbe.
danken, da se, do dase, da akpe na amẹ.
Darm, dǫka, dǫvi.
Daumen, adegblefetšu.
dick, lola, titri.
Dickicht, avekǫ, avedodo, avekǫdodo.
Diener, subǫla, dǫtšǫla.
Ding, nu.
Dolch, adekpui, betè.
Donner, dšidegbe; es donnert dši edegbe.
Dorf, kǫwe.
Dorn, eṅũ.
dünn, tšrolõ, lelelè.
dürsten, tšikǫ wu amẹ; mich —t tšiko le wuyem.
dumm, tšibome, abune.
dunkel sein, wǫ fiti, wǫ fitifiti, do blikǫ, do viviti, viviti edó.
durchbohren, wo nu, ṅǫ nu flo, ṅǫ nu floflofio.
Durst, tšikǫ.

Ebbe, wumiẽmiẽ; es ist — wù edike, wù emiẽ.
ehren, bu amẹ, do amẹ amẹ.
Ei, aži.
Eidechse, adoglo.
eintreten, ge de nu me.
Eisen, ga.
Eiter, hǫ̃, tši.
Ellenbogen, abǫklugui, alǫglo.
endlich, mlǫela, mloebala.
eng, χaχa, χaχẹ, bĩ, bĩe, bui buie.
Erde, anyi, anyigba, tó, agu.
erreichen, do nu dši.
erschrecken, ṅǫ dši amẹ.
ertrinken, nyuvǫ tši tǫme.
erwachen, nyǫ̃̀.
erwarten, lala amẹ.
essen, du nu.
Euter, nõ.
Exkremente, menschliche — kpǫχa, afǫdši.

Faden, kà.
Fächer, papa.
fallen, gé, dze, lũ, nũ, dzà.
falsch, alakpa, nui awatšo.
Familie, wome.
fangen, lé nu.
Feder, fú.
Feige, wilde — gbo.
Feile, tšite.
Feld, agble; im —e gbeme; — arbeit agbledǫ; — — thun wǫ agbledǫ.
Fell, agbalẽ.
Fenster, fẹsrẹ.
ferne, χã.
Ferse, afǫkpodši.
fertig, — sein vò.
fest, sẹsẹ.
Fetisch, trǫ̃; friedlicher, wohlthätiger — trǫ̃fafa; böser —, der den Menschen schadet trǫ̃dzodzo; vom — besessen sein wo trǫ̃, do amlimã.
fett, dami; — sein dé od. do ami.
Feuer, dzo; — anmachen do dzo, dra dzo.
Fieber, kpokpo, atidui, atidudui.
finden, kpǫ nu.
Finger, ašibide, alovi.
Fisch, lã.
flechten, gbè, gbi.
Fledermaus, agutǫ.

Fleisch, lã.
Fliege, tagbatšu.
fliegen, dšò.
fliehen, ší, te nu nu.
Flügel, aw̃ala.
Fluß, to̱šiši.
fragen, bia.
Freund, χō̱lō̱.
Friede, fafa, ṅūtifafa.
Frosch, lele.
Frucht, kú, kutsetse. tsetse.
Frühstück, ṅdinududu.
führen, kplo̱ ame̱.
füllen, yó̱ nu, yo̱ nu de nu me, dé nu me fū.
für, na.
fürchten, s. vō̱, lula.
füttern, nyì, nyī lā.
Fuß, afo̱, afo̱baga; —pfad um eine Krümmung des Weges abzuschneiden gbedzemo̱; —sohle afo̱w̃ome, afo̱go̱me.

Gabel, gaflo.
ganz, blibo.
Garten, abo̱.
Gast, ame̱dšro.
Gatte srō̱, srō̱ṅūtšu; —in srō̱nyō̱nu, srō̱.
gebären, dši vi, dši ame̱.
geben, na nu, tšo̱ nu ke, tšo̱ nu na ame̱; es gab viel Korn in W. bli ebo̱ de W.
Gefäß, gō, gui, nu; großes — nugã; hölzernes — atinu; irdenes — anyinu; metallenes — ganu.
gegen, de nu ṅū, dota, tuta; lo̱w̃o, godši, gomekasa.
gehen, yi, zo̱, to; zu Fuß — to afō; auf die Jagd — dé adegbe; so geht es ale wowo̱na; wie geht es zu aleke wo̱ eye?
Geist, gbo̱gbo̱.
gelb, aχlē̱, aṅūtididi, didišika; — sein di aṅūti, dì aṅūtididi
genug, eso̱gbo̱.
gerade, dšo̱dšo, dšo̱dšo̱e; (Richtung) kã.

geschehen, dšo̱, va dšo̱.
Geschwür, abí, zoχo, ṅūtitsetse.
Gesicht, mo, ṅkume.
gestern, etšo̱.
gesund, fafe̱; — sein lãme se̱.
gießen, ko̱ nu, dzà.
glatt, zō̱zrō̱e, tšinitšini, drēdrē, drīdrē, drēdrēdrē, niṅo̱, niṅo̱niṅo̱.
glauben, χo̱ nya dši, χo̱ nya dši ese na ame̱; — = meinen usu, wo̱na, wo̱ne̱.
Gold, šika.
Gott, Mawu.
Grab, yo̱, yo̱do, yo̱me.
graben, kù.
Graben, der w̃è.
Gras, gbe; —brand gbeto̱dzo; —bündel gbeko̱; —ebene gbegbe.
Greis, ame̱χoχo, ame̱gã.
Grenze, liw̃o, sew̃e.
groß, gã.
Grube, dō: — als Falle dienend asō̱dō.
grün, mūmū, amãmãtši, boyuroma, aṅūtigbo̱gbo̱.
gut, nyuīe.

Haar, dá; — des Tieres fú.
haben, kpo̱·nu, nu le aši (me); ich habe Brot abolo le ašinye; ich habe Geld mekpo̱ vovo.
Hacke, kodži, anyigbaṅlo̱nu, agbenu.
hängen, kù; an etwas — (u. — bleiben) ku de nu ṅū.
Häuptling, ame̱gã; —ssohn ame̱gãvi.
Hafen, w̃udzew̃e.
Hahn, koklotšu.
halb, afã.
Hals, kò̱.
halten, χo̱ nu, dšira nu do; j. für etw. — bu ame̱; s. Wort — wo̱ nya dši; s. Wort nicht — da le nya dši.
Hand, aši; die hohle — ašiw̃lome.
Harn, adudo̱, —blase adiatui.
hart, se̱se̱, kplalã.

hassen, lé fu amẹ.
Haus, χọ, aŵe.
Haut, agbalē; em. Tiere die — abziehen ko lā; —ausschlag (prickly heat) ṅūve, drogogoe.
Herde, ha, lāha; e. — Schafe alēha.
heilen, yọ dọ na amẹ.
heiraten, dé srọ̄.
heiß, džodžoe, χoχo; —e Zeit dzomeyi, dzomeṅọli. dzomẹ fifiaṅọli; die —e Zeit kommt dzome do, — sein χọ dzo, dzedzo.
helfen, kpe de amẹ ṅūti.
hell, kọkọ, nūte; es ist tages— geworden nū eke ŵā; — werden (v. Wetter) dši eke.
her, da; rufe ihn — yọẹ da; bringe es — tsọẹ vẹ!
Herd, mlẹkpui, mlẹ.
Herr, aŵetọ.
Herz, dšì, dšime, dšigbọ, dšigogoe.
Heu, gbeŵuŵu; —schrecke ŵetra, ŵetšuvi.
heute, egbe; von — an tšo egbešia dši heyina; bis—vasede egbe; kple egbe (nur negativ gebr. z. B.) Warum seid ihr bis — nicht gekommen nuka ṅūti mieva kple egbe wò?
hier, afi, afiši, afišia, afike, afihe, gaši, gayi; — bin ich nye enye 'ši!
Himmel, dši, dšiŵo.
hinauf, dšiŵo, de nu dši.
hinaus, dego, dogo, χā; —gehen dšo, dogo le od. tšo nu me; —tragen tšọ nu dogo; —treiben nyā amẹ dogo.
hinten, mēgbe, mēgbela, yome.
hinter, yome, mēgbe, tšimegbe: —einander gehen kplọ yome do.
hoch, kọkọ; hoher Preis ašisẹsẹ; — im Preise stehen aši esẹ.
Höhle, dō, agadō, kpedō, kpetō, agatōme.
hören, sè nu; = zu—, gehorchen do to; auf j. — do to amẹ.

hoffen, kpọ mọ, bu χa bena.
holen, tšọ nu va.
Holz, ati; —löffel tši; —schlüssel, = —teller afiānu.
Hüfte, ali.
hüten, Vieh — kplọ lā, nyi alē; sich — vor kpọ dokui dši nyuie le nu ṅūti; hüte dich! katse, katse kpọ!
Hütte, agbadọ, agbadoχọ.
Huf, afọkli.
Huhn, koklo, koklonọ.
Hund, avū.
hundert, alafa.
husten, kpekpe, kpe ŵo amẹ.
Hut, kuku.

immer, dā, dāda, dadada, dahe, dāši, dāke.
in, le nu me.
Insekt, nudšodšoe.

ja, ē (ẹ̃); eyi.
Jahr, ŵè.
jenseits, godo.
jetzt, fifi, fifila, fifilake, azọ.

Käfer, adoṅgi, ŵetra.
Kahn, ŵú.
kalt, miamiamiá; es ist — vuvọ le wọwọm; —e Jahreszeit vuvọṅọli.
Kamm, yida.
Kartoffel, yevudzeti.
Kasten, adaka.
kauen, du nu.
kaufen, ŵle nu; lọ nu.
Kebsweib, ahiā.
kennen, nyá nu, kpọ nu nu, se nu gọme, nyá nu gọme.
Kern, kú; Palm— nẹŵi.
Kette, kọsọkọsọ.
Keule, kpò; — = Hinterschenkel ata, Vorder— abọ.
Kind, devi.
Kinn, glā.
Kissen, sudi, žionui; tažionu.
Klaue, fe.

Kleid, Landes— avọ, do (Ho); europäisches — awu, awudodo; e. — anziehen do awu, ta avọ.
klein, suẹ; —er Finger ašibide kotuitọ.
klopfen, ŵo nu, ko.
klug, ńkuta, nyanu; —er Mensch ayedzela; aye'mẹ.
Knabe, devi, ńūtsuvi.
Knie, klò.
Knochen, ŵú.
kochen, fiè; — da nu; Suppe — ŵo detši.
Köcher, daku, atšurọgolo, atšrọgolo.
Kokosnuß, nẹ, yovunẹ; unreife — adro; reife — nẹtšitši; Fleisch der — nẹfefe, nẹkokote; —wasser nẹtši; —schale nẹto.
König, fia, aχọlu.
können, teńū, nya; etw. nicht — nu medèna na amẹ wò; ńūtete.
Körper, ńūtilā, lāme.
kommen, va, tsó; tšo afiade me, dogo le nu me; zu Hilfe — dé dši eŵo na amẹ, χọ na amẹ; so kam es, daß ale wọ eši, ale wọ eye; wie kommt es, daß aleke wọ eye?
Kopf, ta.
Koralle, sui.
Korb, kuši, aχlē.
Kot, abà.
krank sein, lāmegblẹ̄, dọlé na amẹ.
kriechen, tá; tatá.
Krieg, aŵà, aŵawọwọ, ahọ̄; — führen wọ aŵa; in den — ziehen χoaŵa; —sgefangener daŵadali; —slager asada; aŵa 'sada; —strommel agblōŵu.
Kröte, akpọkplọ.
Krokodil, ló.
Kuchen, europäischer — abolo vivi.
Küchlein, Küken koklovi.
kühl, fafẹ, miámiámiá; das Wetter ist — yame fa, dši edo kloe; — sein fa miā, miámiámiá.
Kürbis, trekpe.

küssen, gbugbọ.
Kupfer, akọbli.
kurz, kpui, kpokpluie.
lachen, ko nu.
lahm sein, di χōdrō.
Land, anyigba; —arbeit anyigbańọńlọ; —arbeiter anyigbańlọla, agbleńlọla.
landen, dí go (tšo ŵú me).
lang, didí, legbē, legbēlegbē, lebē.
langsam, blewū, blewūblewū.
Lanze, akplọ.
lassen, dè na, na nẹ; laßt uns gehen na nẹ miayi; — = unterlassen nu nọ anyi ko.
laufen, šidu, ŵudu.
leben, nọ agbe; Lebe wohl! d'aŵeme nyuīe! degbọ! degbọ lō!
Leber, aklā, tù.
lecken, dudọ mi.
leer, ŵuŵlu; gbọlo, γeγi.
legen, dó, dà, tšọ nu da de, tšọ nu dọ afiade; auf etwas — tšọ nu da de nu dši, do nu de nu dši; den Block — bọ apā amẹ; Eier — da aži; sich in die Hängematte — do hamaka me; j. in Ketten — dé kọsọkọsọ amẹ.
lehren, fia nu amẹ.
Leib, lāme, ńūtilā; —schmerz dọmeduame, dọmedudu.
leicht, bọbọe; — an Gewicht wodšo, wodšuie.
leise, binyābinyā, lúlúlú, klānā.
Licht, akadi, akadigba (Öllämpchen der Eingeborenen); dadra, kẹkẹli.
lieben, lọ̄ nu, lọ̄ amẹ ŵe nya, amẹ ŵe nu lé dši na amẹ.
liegen, zu Bett darnieder— mlọ anyi; im Sterben — do kuku, ŵo kudọ.
links, miāme; nach — miāmegodši, miāmegome, miāmekasa, miāmelọŵo.
Lippe, nuyi.

loben, kafũ nu.
Loch, dō, edō, tō, vō, nudoe, nudui.
Löffel, gatši; kl. — gatšivi; Holz— tši, akplati, akplẹdati.
löschen, tši; den Durst — di kọ (na amẹ); Ladung — dè agbà le ẃú me, dè nu ẃo de gota.
lügen, ka aẃatšo.
Lunge dšitodšito.

machen, wọ nu; sich auf den Weg — dè afọ, dze mọ dši; mach' schnell! d'abla! mach' daß du wegkommst! ši du!
Mädchen, nyō̧nuvi, tugbe.
Magen, dọgbo.
mager sein, — werden blọ, di ku.
mahlen, Korn zum erstenmal — gbā bli, zum zweitenmal — nyō̧ amọwọ; auf der Mühle — tú tè.
Mais, bli, kpeli, ahō̧li, ahō̧lu; —kolben bliti; —stengel ahō̧liti; Zeit, in der der — gehackt wird tatame.
Mann, ṅūtšu; atšu; armer — amẹdaχe, kotọ; alter — amẹgā.
Markt, aši, ašime, ašito, ašitsaẃe; — leute ašimetọwo; — platz ašime, ablọme; —stadt ašidu, ašigbọ; —tag ašigbe.
Maß, dzidzenu, nudzidze.
Mast, ẃumeti.
Matte, aba, ada, tšitse; — aus Palmrippen ada'bẹ, agọdabẹ; —n flechten lō̧ tšitse; —nflechter aba lō̧la, tšitse lō̧la.
Maus, afi.
Medizin, atike.
Meer, ẃù; —schweinchen χọvi, χọtšukli.
mehr, wu.
Mensch, amẹ.
messen, džidze nu.
Messer, χẹ, tši.
Metall, ga.
Milch, nōtši.
Mittag, ṅdọ, ṅūdọ.
Mitte, titina.
Mond, γleti, dsinu; —schein γletididi.
Morgen, ṅdi, ṅūdi, ṅū; am — ṅdime; am andern — ṅdibubuγime; Guten — ṅdi nawò lō! Antwort, ṅdi gotọ! — röte agudzedze.
Moskito, mú, totrọ; —netz mūdọ mūχọ.
müde sein, dedi te amẹ ṅū, wọ gblọdō, glo; ich bin — dedi ete ṅūnye, eglom.
Mund, nù.
mutig, dšideẃotọe; —er Mensch dšideẃotọ; — sein dši ele amẹ ẃo.
Mutter, dada, da, nọ, vinọ.

Nabel, ẃoẃoli.
Nacht, zā; in tiefer — zāgāme; —s zāe, le zāme; es wird — zā dọ; heute — le zāšia me, eto ẃe zā.
Nacken, kọẃume.
nackt, amā, amāmā; — sein tši gọ.
Nagel, gatagbadza, gatagbadzẹ, gamevi, akotia; Holz— atitšo; Finger— fe, fetšu, ašibidefetšu; Zehen— afọbidefetšu, afọfetšu.
nahe, kpuiẃe.
Name, ṅkọ, nyikọ.
Nase, ṅọti.
naß, belebele; ẃotši.
Nebel, afu.
Neffe, togāvi, tọgāyọvi.
nehmen, tšọ nu; dè nu.
nein, dabi, dabida, wò.
Nest, atọ.
Netz, asabu, dọ́; das — auswerfen da asabu, di dọ.
neu, yeye; = ungetragen matakpọ.
Nichte, dagāyọvinyō̧nu.
nieder, di, de anyi; de to.
niedrig = gemein yaka; —er Preis ašibọbọe; — sein bọbọ.
Niere, ayiku, yikọyikọe.
niesen, nyē.

öffnen, ẁù nu.
Öl, ami; —palme deti; — —nuß de.
Ohr, tó.
Ort, afi; als Suffix ẁe.
Osten, ɣedzeẁe.

Papagei, grauer — akó; kl. grüner — lokpo, lokpotširi.
Perle, dšonu, adzagba, atsatsa.
Pfeffer, atadi, tagbatǫ.
Pfeil, alō, atšrǫ.
Pflanze, mudodo.

Ratte, alegeli.
Rauch, dšudšǫ.
rechts, dušime, nudušime; nach — nudušimegodši, nudušimelǫẁo.
reden, ẁo nu gblǫ.
Regen, tši.
reiben, nyā nu, li.
reif, didi; (Korn); ẁāẁā; — sein di, ẁā, (Yams) do vǫ.
rein, dzadzę, kǫkǫe.
riechen, (Geruch verbreiten) ẁē; — (Geruch wahrnehmen) ẁē nu se; se nu ẁe ẁēẁē.
Riegel, gameti.
Rinde, tšrokpa, akpala.
Ring, ašigę; Arm— abǫgę; Fuß— afǫgę.
Rippe, agbaẁuti.
rot, dzĭ, biābiā, χelĭ; — sein biā, biā dzĭe, biā hè̄.
Ruder, atablō.
rudern, kù, kù, ẁú.
Rücken, mē, mēgbe; sich auf d. — legen dze ṅę.
rückwärts, mēgbe, mēgbemēgbe, de mēgbe; — gehen dè mēgbe; te gbugbǫdemēgbe, zǫ gbugbǫdemēgbe.
rufen, yǫ amę; um Hilfe — do dzalelele; rufe ihn her yǫe da!
ruhen, dšudšǫ, dze, di vi.
ruhig, kpō, klēnē; sei — nǫ anyi kpō, do to kpō! — sein ži dodoe.
rund, loboe, lobuie.

Same, ku.
Sache, nú, nya.
Sack, butú, (Tasche) kotoku; — aus Bast geflochten ké kevi; — aus Packtuch, Segeltuch akpanyā.
säen, ẁā nu, wú nu.
Säge, laχálaχá.
sagen, be, gblǫ, ká, yi, tó, tši na amę.
Salz, dze.
sammeln, ẁo nu ẁu; = auflesen lǫ nu, fǫ nu.
Sand, ké.
satt sein, di ẁo.
sauer, tšitši; — sein tši.
Schale, tšro, gō, tō; Kokosschale nętō; — = Schüssel agba.
Schädel, takoli.
schälen, kó nu, klę̄ nu, dè tšro, fó nu le nu ṅū; Yams — kpate.
schämen, sich — ṅū kpe amę, dé kǫ to, dé mo to, de ta to, dé ta anyi.
scharf, dadá.
Schatten, vǫvǫli.
Schaufel, sofi.
Schenkel, ata.
schicken, dǫ amę da, dǫ amę do da; s. zu s. — dǫ amę de amę gbǫ, dǫ amę, do de amę gbǫ; s. nach einem Ort — dǫ amę (do) de afiade.
schießen, dà; mit einem Gewehr — dà tu; mit Pfeilen — da atšro, da dada alō.
Schiff, ẁú; —sleute ẁúmeviwo; —skapitän ẁúfia, ẁúmefia.
Schild, akpoχǫnu.
Schildkröte, klò.
Schilf, aẁla, avā.
Schirm, χeχi; großer — es Häuptlings dzoyā.
schlafen, dǫ, dǫ alǭ.
schlagen, ẁo amę, tu nu, ẁú.
Schlange, dà.
schlecht, menyō, manyōmanyō, vǭ, vǭe, vǭdi.

schleifen = schärfen nyire nu.
schmal, bī, bīe, bui, buie.
Schmetterling, kpakpaluw̌i.
schmutzig, w̌odi; — sein w̌odi.
Schnecke, abobo.
schneiden, se nu, dza nu, kpa nu, lã nu, ya nu.
schnell, kabakaba, abla, babla, bla, blabla(-bla).
Schnur, kà.
schön, nyuīe.
schon, χo, ho.
schreien, do γli, do od. da aw̌ã́; (kl. Kinder) fa avi; (Tiere) γlō̃.
Schüssel, agbá, agbakutu.
Schulter, abota.
Schwanz, ašike.
schwarz, yi, yibo, vī: — sein nyō̃.
schweigen, miã nù, ži dodoe, ži kpi.
Schwein, χà; Haus— aw̌eχa; Wild— gbemeχa; —esletsch χalã.
schwellen, te.
schwer, sese; — an Gewicht kpekpe, zekpẽ; — sein an Gewicht kpe; ži ele ńũ; die Last ist mir zu schwer agba le wuyem; — = schwierig sein se, nye do.
Schwester, novi-(nyō̃nu); die ältere — dā.
schwimmen, w̌u tši; v. Gegenständen zo (nu dši).
schwitzen, fifia te od. wo ame, te fifia, dza ade; mich schwitzt (bei harter Arbeit) fifia tem, fifia teyem.
See, tã́; — w̌ù.
Seele, luw̌o, dšogbe.
Segel, abala; —schiff abalaw̌ú.
sehen, kpo nu.
Sehne, kà, lãmeka; Bogen— daka.
sehr, vevie, kpem, ńũto, ta, kakō̃.
sein, v. aux. nye; le, (meist in lokalem Sinn u. mit er Postposition gebraucht); no (Vergangenheit für le; z. B. ich arbeite mele dowom; ich habe gearbeitet = bin am Arbeiten geblieben meno dowom.

Seite, χa, aχa, gbo, gó; auf dieser — gošime; auf jener — gokemē; an der — le nu to; — des menschl. Körpers aχada, ablame.
senden, do ame(do)da; do mo ame.
Silber, klosalo.
singen, dši ha.
sinken, yi to, bobo de to.
sitzen, bobo nò anyi.
Skorpion, aχō̃.
so, ale, alea, nenem, nenemã, šigbe.
Sohn, vińũtsuvi.
Sommer, dzome.
Sonne, γè; die — geht auf γe edze, agu edze; die — geht unter γe do to.
spät, zu — kommen tši mēgbe.
Speer, akplo, w̌ã; —schaft akploti.
speisen, du nu.
Spiegel, ahũhõe-(kponu).
spielen, fé; e. Instrument — w̌o sańku.
Spinne, yi, yiyi, aw̌atrow̌eyi.
Sprache, nuw̌ow̌o, gbe; — der Weißen, yevugbe.
sprechen, gblo (nya), w̌o nu; mit j. — w̌o nu na ame.
springen, dšo kpo.
stampfen, fanyã nu; tó nu; Yams — to fufu.
stark, atšu, atšuatšu, agbo, seńũ, ńũseto, ńũsetoe.
Staub, w̌uw̌ù.
stechen, to nu, ńo nu, w̌o nu, té ame, (Insekten) dà ame.
stehen, tši, tšitre; in Flammen — bī; gerade — dšo kã, tšitre dšo kã.
stehlen, fi nu, fifi.
steigen, liá, flo; Berg— liá to.
Stein, kpe.
stellen, dó, dà, tšo nu da de, tšo nu do afiade; sich — als ob wo šigbe de — ene; sich krank — wo anyirãnu.
sterben, ku, tši ku me.

Stern, γletivi.
still, — sein wọ kpō, do to (kpō).
Stimme, númegbe, gbe; mit lauter — bō, bōbōbō.
Stirn, ṅgo, ṅgonu.
Stock, ati, kpò.
stolz, le atšyǭ me, dada; —er Mensch dadala, dada'mẹ, amiṅūtọ.
stoßen, tù amẹ; Fufu — to fufu; mit den Füßen — tu afọ amẹ, dà afọkpo amẹ.
strafen, χe to na amẹ.
Straße, mọ.
Strauch, avekoe, anyikleti.
Strick, ka.
Strom, tọšiši.
Stück, kakẹ, kpakpẹ; — Brot abolokakẹ; — Tuch avọkpo.
stumm sein, adé tu; Stummer adetututọ.
stumpf sein, — werden tši.
suchen, dí nu; nach etw. — dí nu kpọ; nach j. — di amẹ yome mọ.
Süden, dšieχe; —wind dšieχeyā.
Sumpf, bà.
süß, vivi, ṅanaṅana; — sein vivi.

Tabak, atamā; — rauchen nō atamā; —pfeife atamāze.
tadeln, ka mo na amẹ; χe nya de amẹ ṅū.
täuschen, wọ alakpanu, da alakpa de amẹ'ši, ble amẹ; sich — ble amẹ dokui.
Tag, ṅkeke; in Zusammensetzungen gbe; heller — kekeli; am andern —e gbebubugbe; eines —es gbedeka, gbadegbe; bei —e ṅkekeme; — u. Nacht zā kple kele od. kekeli; Guten —! (Gruß am Mittag) ṅdọ nawò lō! Antwort ṅdọgotǭ! —elohn apa, apadudu; im — — arbeiten du apa; —elöhner apadula, apadọwọla; —esanbruch ṅūkeke, fọṅli; vor — — fọṅli dome.
Tante, Vaters Schwester taši, te, die ältere tegā, die jüngere tevia; der Mutter Schwester dadagā, dagā, nọgā; dadadia, dadia.
tanzen, duγe, di asreye.
tapfer, kalẹ̄to.
Tasche, kotoku, ké; — im Kleide awukotoku.
Tau, atagbui-(ka).
taub sein, ku to.
Taube, ahǭnẹ, ẃlolui; wilde — akpakpa.
Tausendfuß, demeχǭ.
Teller, agba, pleti (engl. plate).
teilen, mā nu me.
Tier, lā; nuẃāẃā.
Thräne, adatši.
Thüre, ẃọ, ẃotru, χọtru; —pfosten ẃọtruti.
thun, wọ nu; ich habe zu — dọ ele ṅūnye.
tief, globō, goglo.
Tochter, vinyǭnu-(vi).
tot, kuku.
töten, wu amẹ, dè amẹ da.
Topf, ze.
träumen, kudrǭe.
tragen, tšọ nu; etw. auf dem Kopfe — do agbagba; e. Kleid — do awu; e. Last — tšọ agba; Frucht, Samen — tse ku, wọ na.
trauern, fa konyi.
treffen, dze, ẃú, lé nu, ẃo nu; jn. — di amẹ ṅūti.
Treppe, atrakpui.
trinken, nō nu; jm. Wasser zu — geben kpe tši na amẹ.
trocken, ẃuẃu, kplā; das Brot ist — abolo eẃu tši.
Trommel, ẃú; Kriegs— agblọẃú; die — schlagen ẃo ẃú.

übermorgen, nyitšọ ši gbọna.
Ufer, tó, nù, gó, gota; am — goṅū, gotagbọ.
s. umdrehen, nyē kọ.
s. umwenden, nyē kọ, trọ mēgbe.
ungehorsam sein, sẹ to de amẹ ṅū.

unreif, gbogbo, matšimatši; —e Palmnuß an̊one; —e Kokosnuß adro.
unterrichten, fia nu ame.

Vater, fofo.
verbergen, γla nu.
verderben (Speisen), gblẽ, dze nyẽ.
verfolgen, dze ame n̊ūti.
vergeblich, yaka, dšro, dšrodšro.
vergessen, n̊lo nu be; nu bu de ame.
verkaufen, dsra nu, w̔le nu.
verlassen, das Zimmer — dogo le χome.
verletzen, dé od. do abi ame n̊ū.
verlieren, bú nu, tši ame n̊ū; den Weg — bu mo.
verschließen, χe nu; die Thüre — tu w̔otsru.
Verstand, nyasã, tame-(koko), mo-koko.
verstehen, dzeši nu, kpo dzeši, kpo nu nu.
versuchen, te ame kpo; do nu kpo; zu gehen — do agbagba.
verteilen, mã nu.
vertreiben, nyã ame yi.
Verwandter, novi; w̔ometo.
verwüsten, gblẽ nu.
verzeihen, tšo nuvõ ke ame; verzeihe es mir tšoe kem!
viel, gedẽ.
vielleicht, dewohī, dewola, (dewo) anye.
Vogel, χe, χevi; —nest atṍ; —steller χedala; χedela.
Volk, dù.
voll, son̊-(son̊), tan̊-(tan̊), tan̊ū, lotuie; eine Hand — aši w̔lo.
Vorfahren, tsãtowo, blematowo, togbuitogbuiwo, mãmãmãmãwo,
vorwärts, de n̊go-(gbe).

wachsen, tši, mie.
Wade, sobo.
Waffe, aw̔awonu, n̊ūtibunu.
wahr, tew̔e; — sein le tew̔e; es ist — nyatew̔e ye.
Wald, ave.
Wand, gli; — aus Lehm, Erde amli.
Wange, alo, alogo.
Wanze, tredšo.
warm, dždodžoe; — sein χo dzo, dze dzo; — werden w̔u dzo.
warten, lala, gbo dši; auf j. — dšo ame, kpo mo na ame.
waschen, nyã nu, kpala nu, klo nu.
Wasser, tši; stehendes od. fließendes — tò; —krug kplu, tšikplu; —melone adzamatre; —platz tome.
weben, lõ avo.
Weg, mo; tow̔e, afotow̔e; auf dem —e mow̔o, aliw̔o; vom — abkommen tra mo, tre mo; sich auf den — machen dze mo dši, dè afo.
Weib, nyõnu, aší; Ehe— srõ, n̊olimesrõ; e. — nehmen dè nyõnu, dè aši, dè srõ.
weich, boboe; — sein bobo.
s. weigern, gbe.
weinen, fa avi, tá avi, fa adatši.
weise, n̊yanu; — sein nya nu.
weiß, γi, γie, fufu; — sein fũ.
weit, keke, hã̄, sã-(sã(sã); — entfernt bõ; — sein ke.
Welle, w̔utšotšoe.
Welt = —raum χeχeme.
wenden, tro nu.
wenig, vīade, vīde.
werfen, dà, w̔ú.
Wespe, telī.
Westen, todow̔e, γetodow̔e.
wetzen, nyire nu.
wild, woadã; v. Raubtieren nyãnyirã; —e Taube akpakpa; — sein wo adã.
Wimper, adaba.
Wind, ya-(w̔ow̔o); kühler, sanfter — ya fafẽ; heftiger, starker — yasese; es erhebt sich ein — ya ew̔u, ya le w̔uw̔um; d. — weht ya le w̔ow̔om.
wissen, nya nu.
Witwe, aho-(ši), ahoχola.
wohnen, no; no anyi.

Wolke, alilikpo.
wollen, lõ nu.
Wort, nyà, nùmenya, nùmegbe.
wünschen, di nu.
Wunde, abí; —n auswaschen klo abi; e. — behandeln, verbinden wo abi.
Wurm, ṅo; — in faulem Fleisch nyē.
Wurzel, kè, χoχui.

zählen, χlẽ nu.
Zahn, adu; großer Hau— der Tiere tšyo; —e bekommen to adu; —fleisch nyè.
Zaun, kpó; —pfahl kpoti.
Zehe, afobide, afovi; große — afodegblefetšu.
zeigen, fia nu; zeige es mir fiam!
Zeit, γeyiγi, ṅoli, vovo, ašinu-(kpokpo); bestimmte — azã; freie — vovo-(γi)-ašinu; vor langer — tititi; zu dieser — yešiaγi; zu jener — γemãγi-(me), γekemãγi(me); es ist — γelaγi edo, gbada esu; — haben kpo ašinu, kpo vovo; freie — haben vo.
zerbrechen, gbã nu.
zerreißen, dze, lã; in kleine Stücke — vuvu nu klayeklaye.
zerstören, gblẽ nu.
ziehen, γè nu, tè nu, ta nu.
Zimmer, χo-(me); —mann atikpala, ŵuŵokpala.
zittern, ŵuŵu (kpĕkpĕkpĕ).
Zuckerrohr, fofoṅ.
zürnen, mit j. — do domedzoe de ame ṅuti.
zufrieden sein, — — mit j. nudze ame ṅũ.
zuletzt, mloeba-(la).
Zunge, adé.
zurückkehren, tro gbo, tro va, gbugbo va.
Zweig, alo-(dzedze).
Zwiebel, sabala, abro.

II.

Grammatische Elemente des Ane̱ho̱-Dialektes der Ewe-Sprache in Togo.[1])

A. Zur Lautlehre und Schreibung.[2])

1. Die Vokale sind a, e, e̱, i, o, o̱, u. — a, i und u lauten wie im Deutschen. e und e̱ sind deutlich zu unterscheiden; das letztere klingt wie e in Endung; das erstere wie e in seelisch (aber kurz), neigt also zu i. Ebenso bedeutet o̱ den offenen (Motte), o den geschlossenen, zwischen o̱ und u schwebenden Laut (wie in Kohle, aber kurz).

2. Die Vokale sind fast stets kurz. Die selten vorkommende Länge wird mit einem Strich über den Vokalzeichen angedeutet. (ā, ē ꝛc.)

3. Die Vokale kommen mit Ausnahme von e̱ und o̱ auch nasaliert vor. In diesem Falle bezeichnen wir sie mit einer Schlangenlinie: ã, ẽ, ĩ, õ, ũ. Sie werden dabei so ausgesprochen, daß der Luftstrom durch die Nase ausgestoßen wird.

4. Eigentliche Zwielauter giebt es nicht; zusammentreffende Vokale werden getrennt gesprochen. Häufige Verbindungen sind:

ea.
ia, iã, ĩa, ĩã; iẽ; iõ, ĩo, io̱.
oe, õẽ, õa, õe, oa, õe̱.
o̱a, o̱e̱, o̱e.
ua, uẽ, ui, uã, ũe̱, ũa.

---

1) Gedruckte Quellen: E. Henrici, Lehrbuch der Ephe=Sprache. Stuttgart u. Berlin 1891 (enthält Gespräche in Ane̱ho̱). — Rudolf Prietze, Beiträge zur Erforschung von Sprache und Volksgeist in der Togo=Kolonie (Z. A. O. S., Jahrg. III, S. 17—64). — Karl Koebele, Fibel für die Schule in Klein=Popo. Frankfurt a. M. 1895 (mit Ane̱ho̱=Deutschem Wörterverzeichnis). — S. Walter, Lehrbuch der deutschen Sprache nebst Wörterbuch für die Schulen in Togo (mit Deutsch=Ane̱ho̱=Wörterbuch). Stuttgart. 1900.

2) Ich verweise auch auf den Aufsatz von R. Prietze im III. Bde. der Z. A. O. S., ohne mich hier, wo es mir nur auf knappe Darstellung der Elemente der Sprache ankommt, mit ihm hinsichtlich der Differenzen auseinanderzusetzen. — Da der Aufsatz wesentlich für praktische Zwecke berechnet ist, so mußte in der Darstellung darauf Rücksicht genommen werden.

5. **Die Konsonanten** sind:

	Verschluß-laute	Reibe-laute	Zitter- u. L-Laute	Resonanz-laute
Zahnlaute:	t, d	s, z	r, l	n
Lippenlaute:	p, kp, b, gb	w	—	m
Kehllaute:	k, g	h, gh	—	ṅ
Gaumenlaute:	ḍ	—	—	ny
Zungenlaute:	—	č, j	—	—
Lippenzahnlaute:	—	f, v	—	—

6. Hiervon werden wie im Deutschen gesprochen: t, l, n, p, kp, b, gb, m, k, g, f.

7. Abweichend lauten d (die Zungenspitze wird an die Oberzähne gelegt), ḍ (die Zungenspitze wird zurückgelegt und an den Gaumen gepreßt), s (immer scharf wie ß in reißen), z (immer wie ſ in reiſen), r (stets mit der Zunge zu rollen), gh (wie ein in der Kehle gesprochenes r), w (wie im Englischen mit beiden Lippen), v (wie das deutsche w), h (teils wie h, teils wie ch in lachen, letzteres immer in den Verbindungen hl und hw), č (wie tsch), j (wie dsch), ṅ (wie ng in singen, ohne Lautung des g), ny (wie nj im Deutschen).

8. **Doppelkonsonanten** kommen nicht vor, **Konsonantengruppen** sind um so häufiger. Doch kann eine Gruppe höchstens aus **zwei** Konsonanten bestehen[1]), und der zweite kann nur ein l, r (das nur in diesen Gruppen vorkommt), w sein. So finden sich:

tr; dr; sr, zr.
pl; kpl; bl; gbl; wl; ml.
kl, kw; gl; hl, ghl, hw; ṅl.
nyr.
čr, jr.
fl, vl.

Hieraus ergiebt sich, das l nur mit voraufgehenden Lippen-, Kehl- und Lippenzahnlauten, r nur mit Zahn- und Zungenlauten, w nur mit Kehllauten verbunden werden kann.

Außerdem findet sich ṅ in den Verbindungen ṅt, ṅd, ṅs, ṅz, ṅk und ṅgb.

9. Der **Wortton** liegt meist auf der Endsilbe.

10. Gleichlautende Wörter werden mitunter durch die **Intonation** unterschieden.

Wir unterscheiden dabei den steigenden und den fallenden Ton eines Vokals (ersterer durch á, letzterer durch à bezeichnet). Vokale mit **steigendem** Ton sind so zu sprechen, daß man mit der gewöhnlichen Stimmhöhe einsetzt und dann (aber in einem Atem) nach oben abweicht, etwa so, wie wenn man auf einen Ruf mit der Frage „ja—a?" antwortet. Beim **fallenden** Ton setzt man etwas höher, als der gewöhnliche Sprachton ist, ein und läßt dann die Stimme sinken, etwa wie wenn man auf einen Ruf „glei—ich!" antwortet.

---

[1]) kp, gb und ny gelten dabei als einfache Konsonanten.

So unterscheidet man z. B. mí (wir) von mì (ihr). Das erstere entspricht etwa folgendem musikalischen Bilde:

mi-i

Andrerseits könnte mì (ihr) folgendermaßen dargestellt werden:

mi-i

Ebenso unterscheiden sich z. B. egá (Häuptling) und egà (Geld) u. s. w.

11. Endigt ein Wort im Zusammenhange der Rede auf denselben Vokal, mit dem das nächste beginnt, so werden beide in der Aussprache zusammengezogen, z. B. na ahwe, sprach nāhwé.

12. Die mit dem Präfix e oder a beginnenden Hauptwörter und Zahlwörter werfen dasselbe im Satze meist ab.

B. Elemente der Formenlehre.

I. Das Hauptwort.

13. Ein grammatisches Geschlecht wird nicht unterschieden. Das natürliche Geschlecht wird teils durch besondere Wörter ausgedrückt, z. B. etọ (Vater), enọ (Mutter), teils durch Beisatz von ṅusu (Mann), nyõnu (Weib), bei Tieren durch die Suffixe su und nọ bezeichnet, z. B. nọvi-ṅusu (Bruder), nọvi-nyõnu (Schwester); esọsu (Hengst), esọnọ (Stute) von esọ (Pferd).

14. Das Hauptwort wird bestimmt durch den angehängten Artikel a, z. B. etọa, der Vater (etọ, Vater).

Mit vorhergehendem a und ā wird der Artikel zusammengezogen, z. B. elā, Tier und das Tier.

Der Artikel dient auch zur Kennzeichnung des Satzschlusses bei Vordersätzen einer Periode.

15. Die Mehrzahl wird durch die Endsilbe wo (mit kaum hörbarem w) gebildet: ṅusu (Mann); ṅusu-wo (Männer); ṅusua (der Mann); ṅusuawo (die Männer). Das Pluralsuffix folgt also auf den Artikel.

16. Sind zwei Substantive im Plural durch ku (und) verbunden, so erhält nur das zweite die Pluralbezeichnung, z. B. ṅusu ku ḍeviwo (Männer und Kinder).

17. Steht hinter dem Hauptwort ein Fürwort oder ein Eigenschaftswort, so tritt die Pluralendung nur an letztere, z. B. alo sẽnuwo, starke Hände (sẽnu, stark). Vergl. auch § 32.

18. Folgt eine Grundzahl oder ein unbestimmtes Zahlwort auf ein Hauptwort, so bleibt die Pluralbezeichnung fort, z. B. koklo tõ (drei Eier).

19. Dekliniert wird das Hauptwort nicht. Das Subjekt (Nominativ) steht stets vor dem Zeitwort, das Objekt (Dativ und Akkusativ) dahinter. Dadurch allein werden diese Satzteile bez. Kasus gekennzeichnet, also ṅusua „der Mann“ und „den Mann“.

20. Der Genitiv kann nur von einem Hauptwort abhängig sein. Er wird durch seine Stellung vor dem regierenden Hauptwort gekennzeichnet. Meist tritt noch die Partikel be zwischen beide, z. B. hevia be awadawo die Flügel des Vogels (awada, Flügel; hevi, Vogel).

21. Der Dativ, der aber nur zur Bezeichnung des indirekten Objekts (neben dem direkten) dient, wird durch die Präposition ne (oder na) ausgedrückt, z. B. ne toa, dem Vater (statt ne etoa, § 12), ne toawo, den Vätern.

22. Hiernach lautet das Paradigma der Kasusbildung in Einzahl und Mehrzahl:

Einzahl:

Nom.	hevi, ein Vogel.	hevia, der Vogel.
Gen.	hevi be, eines Vogels.	hevia be, des Vogels.
Dat.	ne hevi, einem Vogel.	ne hevia, dem Vogel.
Akk.	hevi, einen Vogel.	hevia, den Vogel.

Mehrzahl:

Nom.	heviwo, Vögel.	heviawo, die Vögel.
Gen.	heviwo be, Vögel.	heviawo be, der Vögel.
Dat.	ne heviwo, Vögeln.	ne heviawo, den Vögeln.
Akk.	heviwo, Vögel.	heviawo, die Vögel.

23. Soll die Einheit besonders hervorgehoben werden, so gebraucht man das Zahlwort ḍe, z. B. hevi ḍe, ein Vogel. Doch hat ḍe oft auch nur die Bedeutung unseres unbestimmten Artikels. In der Mehrzahl bedeutet daher elã ḍewo, einige Tiere.

II. Die Fürwörter.

24. Das persönliche Fürwort hat zwei Formen. Die erstere, das selbständige Substantivpronomen, lautet:

nyẽ, ich	míawo, wir
wò, du	mìa, ihr
e, be, er, sie, es.	wó, sie.

Anm. Neben e finden sich auch die Formen ye und eye, neben wó auch yewo.

25. Das **Konjugationspronomen**, die zweite Form des persönlichen Fürworts, lautet:

mu, ich	mí, wir
wò, du	mì, ihr
e, er, sie, es.	wó, sie.

Über seine Verwendung vergl. § 35.

26. Die **Objektsformen** des persönlichen Fürwortes (Akkus. bez. Dativ) lauten:

-m, -mu, mich, mir.	-mí, uns.
-wò, dich, dir.	-mì, euch.
-ẹ, ē, ihn, sie, es; ihm, ihr.	-wó, sie.

Diese Formen werden dem Zeitwort angehängt (s. § 45).

Anm. Tritt ẹ an eine Verbalform auf ā oder a, so verschmelzen āẹ und aẹ zu ē und ẹ, z. B. mu nyē (ich weiß es) statt mu nyā ẹ. Nach u geht ẹ in i über, z. B. mu wui (ich tötete ihn) statt mu wu ẹ. Mit voraufgehendem i verschmilzt ẹ zu ī.

27. Der **Dativ** der persönlichen Fürwörter lautet:

nam, na mu, mir.	na mí, uns.
na wò, dir.	na mì, euch.
nẹ, ihm, ihr.	na wó, ihnen.

28. Die **besitzanzeigenden** Fürwörter sind:

ape, mein.	míabe, unser.
apo, dein.	mìabe, euer.
yebe, ebe, sein, ihr.	wóabe, ihr.

Sie stehen **vor** dem Hauptwort; yebe, míabe und mìabe werden vor folgendem Vokal apostrophiert, z. B. míab'ahwe, unser Haus.

Daneben findet sich eine zweite Reihe, nämlich

-nyē, mein.	mí, unser.
-wò, dein.	mì, euer.
ye, e, sein, ihr.	wó, sie.

Von diesen werden -nyē und wò dem Hauptwort angehängt[1]), also womanyē (mein Buch) = ape woma, die übrigen stehen vor demselben, kommen aber nur in gewissen Verbindungen vor (§ 51).

29. Das **substantivische besitzanzeigende** Fürwort lautet:

tọnyē (nyētọ), der, die, das meinige.	míatọ, der unsrige.
wòtọ, tọwò, der deinige.	mìatọ, der eurige.
yetọ, der seinige, ihrige.	wótọ, der ihrige.

30. Das **Identitäts- (zugleich rückbezügliche)** Fürwort wird mit ṅto oder ḍokwe gebildet, z. B. nyē ṅto oder ḍokwenyē, ich (mich) selbst.

---

[1]) Das Pluralsuffix tritt dann dahinter.

31. Die hinweisenden Fürwörter sind ekea (dieser, diese, dies), Mehrzahl ekeawo(-a), und eṅua oder ḍea (jener, jene, jenes), Mehrzahl eṅuawo, ḍeawo. Adjektivisch gebraucht stehen sie hinter dem Substantiv; das anlautende e fällt alsdann ab.

Beispiel: ṅusuvi etō keawo, diese drei Jünglinge.

32. Das bezügliche Fürwort ist ke (welcher, welche, welches; der, die, das), Mehrzahl kewo[1]). Das letzte Wort des Relativsatzes bekommt den Satzartikel a. (Vergl. oben § 14.)

Substantivische Relativa sind ame ke, derjenige welcher, der welcher, wer; nu ke, das was, was.

33. Fragefürwörter:

meke, me, wer? wen? ṅe meke, wem? meke be, wessen?
nuke, nue, was?
ke (hinter dem Hauptworte), welcher? welche? welches?

34. Unbestimmte Fürwörter: ameḍe, jemand; ame ḍekpekpe, irgendeiner, irgend jemand; viḍe, etwas; nuḍekpekpe irgend etwas; ame ḍekpekpe wo, niemand; mu .... ḍeti wo, nichts.

III. Das Zeitwort.

35. Das Zeitwort bildet nur ein Aktiv, kein Passiv. Es bestehen Tempora: Aorist, Präsens, Präteritum, Futurum.

An Aussageweisen werden unterschieden: Infinitiv, Imperativ, Indikativ, Optativ.

Die Personen werden nicht durch Endungen, sondern durch die Konjugationsfürwörter bezeichnet (§ 25).

36. Die Grundform ist der Infinitiv, z. B. ple (kaufen). Dieselbe ist identisch mit der Wurzel des Verbums.

Hiervon wird der Infinitiv des Aorists durch die Endung -na gebildet, z. B. plena (kaufen).

Der Infinitiv des Futurs hat die Vorsilbe la, z. B. laple (kaufen).

Das Präsens bildet keinen Infinitiv.

37. Die Stammform wird zugleich auch als Befehls- und Wunschform gebraucht, z. B. ple, kaufe! mì ple, kauft!

38. Der Aorist wird aus seiner Infinitivform und den Konjugationsfürwörtern gebildet:

mu plena, ich kaufe.	mí plena, wir kaufen.
wò plena, du kaufst.	mì plena, ihr kauft.
e plena, er (sie, es) kauft.	wó plena, sie kaufen.

Der Aorist bezeichnet eine Handlung ohne Beziehung auf die Zeit: ich kaufe gewöhnlich, ich pflege zu kaufen.

---

[1]) Dafür fällt das Pluralsuffix des voraufgehenden Hauptwortes weg, also ṅusu kewo, die Männer, welche.

39. Das **Präsens** wird mit dem Hilfszeitwort le (sein) in folgender Art gebildet:

mu leple, ich kaufe.	mí leple, wir kaufen.
wò leple, du kaufst.	mì leple, ihr kauft.
e leple, er kauft.	wó leple, sie kaufen.

Es bezeichnet eine Handlung, die eben gerade stattfindet und während des Sprechens noch andauert (englisch: I am buying). Hierzu tritt oft noch die Partikel kọ.

40. Das **Präteritum** wird aus der Stammform in Verbindung mit den Konjugationsfürwörtern gebildet:

mu ple, ich kaufte.	mí ple, wir kauften.
wò ple, du kauftest.	mì ple, ihr kauftet.
e laple, er kaufte.	wó ple, sie kauften.

Es entspricht dem deutschen Imperfektum sowie dem deutschen Perfektum.

41. Das **Futur** besteht aus dem Infinitiv dieser Zeit (§ 36) in Verbindung mit den Konjugationsfürwörtern:

mu laple, ich werde kaufen.	mí laple, wir werden k.
wò laple, du wirst k.	mì laple, ihr werdet k.
e laple, er wird k.	wó laple, sie werden k.

Anm. Das l des Futurpräfixes fällt öfters aus, daher dann Formen wie m'aple (statt mu aple), y'aple (statt ye aple).

42. Soweit die Tempora des **Indikativs**. Eine Art von Optativ wird vermittels kē in folgender Weise gebildet:

mu kē ple, ich möge kaufen.
wò kē ple, du mögest kaufen u. s. w.

Es wird in abhängigen Sätzen nach Verben des Wollens, Wünschens, Befehlens u. dgl. gebraucht.

43. Durch Verdoppelung des Infinitivs wird schließlich ein **Verbalsubstantiv** gebildet, z. B. pleple, das Kaufen.

44. Ist der Infinitiv mit einem Objekt verbunden, so ist zu beachten, daß dies bei der Substantivierung stets **vor** den verdoppelten Verbalstamm tritt[1]), zu B. ḍu nu, etwas essen; nuḍuḍu, das Essen.

45. **Partizipien** sind nicht vorhanden. Die deutschen adjektivischen Partizipien auf —end müssen durch Relativsätze wiedergegeben werden, z. B. der kommende Mann, ṅusua ke leva = der Mann, welcher kommt.

46. **Passive** Formen müssen aktiv umschrieben werden, also z. B. von yọ (rufen):

wó leyọm, sie rufen mich = ich werde gerufen.
wó leyọwò, sie rufen dich = du wirst gerufen.
wó leyọẹ, sie rufen ihn = er wird gerufen.
wó leyọmí, sie rufen uns = wie werden gerufen.
wó leyọmì, sie rufen euch = ihr werdet gerufen.
wó leyọwó, sie rufen sie = sie werden gerufen.

---

[1]) Über den Grund vergl. Prietze, a. a. O. S. 24.

Diese Formen geben gleichzeitig Beispiele für die Anfügung der Objektsfürwörter an das Verbum.

47. Die Frageform ist von der Aussageform nicht unterschieden. Die Stellung des Subjekts bleibt dieselbe. Auch die Betonung ist die gleiche.[1]) Ist der Fragesatz nicht durch ein fragendes Fürwort, Zahlwort oder Adverb eingeleitet, so wird die Frage durch die Partikel a oder ma am Satzschluß gekennzeichnet;[2]) z. B.: wò dō alō nyuẹ̀ḍe a, hast du gut geschlafen? (dō alō, schlafen).

48. Die Verneinung der Verbalformen erfolgt durch mu ... wo. Der erste Teil der Verneinung tritt unmittelbar vor das Verbum bez. die Tempuspartikeln (le, la) und hinter das Subjekt, der zweite Teil ans Satzende, z. B.

Aorist: wò muplena wo, du kaufst nicht.
Präsens: wò muleple wo, du kaufst nicht.
Präter: wò muple wo, du kauftest nicht.
Futur: wò mulaple wo, du wirst nicht kaufen.

Anm. 1. Ist das Verbum mit der Negation verbunden, so gebraucht man in der ersten Person statt des Konjugationspronomens mu (ich) das absolute Fürwort nyē, also nyē muleple wo (ich kaufe nicht), nicht mu muleple wo.

Anm. 2. Der Imperativ wird mit mugba .... wo verneint, z. B. mugba ple wo, kaufe nicht! mì mugba ple wo, kauft nicht!

Anm. 3. Folgt die zweite Negation wo auf die Pluralendung wo, so werden beide beim Sprechen in ein langes ō zusammengezogen.

49. Das Anẹhọ besitzt eine Anzahl Verben, die den Begriff einer Eigenschaft in Verbindung mit der Kopula „werden" einschließen. Wir nennen dieselben Adjektivverben, z. B. lolo, groß werden; hwe, klein werden. Das Präteritum dieser Verben wird nun im Sinne des gegenwärtigen Vorhandenseins einer Eigenschaft gebraucht, z. B. mu lolo, ich bin groß geworden (und bin nun groß, daher einfach = ich bin groß). Mu lolo hat daher fast die Bedeutung eines Präsens. Von diesem Präsens bildet man eine neue Vergangenheitsform mit dem Adverb sā (früher), also mu lolo sā, ich bin früher groß geworden = ich war groß.

50. Das Verbum „sein" (soweit es nicht nach der in § 49 erörterten Art ausgedrückt wird) kann durch nyi, nọ und le gegeben werden.

---

[1]) Wie in allen Sprachen mit Intonation. Vergl. meine chin. Gramm. § 64, wo auch der Grund für diese Erscheinung angegeben ist.

[2]) Auch im ersteren Falle wird diese Partikel nicht selten angewendet.

Nọ und le bezeichnen „sein" in der Bedeutung „sich irgendwo befinden, da sein"[1]), u. z. lautet das Präsens:

mu le, ich bin.	mí le, wir sind.
wò le, du bist,	mì le, ihr seid.
e le, er ist.	wó le, sie sind.

Andere Formen werden nicht vom Stamme le gebildet, sondern von nọ, also:

Aorist: mu nọna, ich bin (gewöhnlich), d. h. ich wohne.
Präter.: mu nọ, ich war, ich bin gewesen.
Fut.: mu lanọ, ich werde sein.

Dagegen dient nyi als Kopula, u. z. Präsens:

mu nyi, ich bin.	mí nyi, wir sind.
wò nyi, du bist.	mì nyi, ihr seid.
e nyi, er ist.	wó nyi, sie sind.

Ein Aorist wird nicht gebildet, das Präteritum mit dem Adverb sā (früher) umschrieben: mu nyi sā, ich war, ich bin gewesen, u. s. w., z. B. mu nyi atikpatọ sā, ich war Schreiner, bin Schreiner gewesen.

Futurum und Imperativ sind regelmäßig: mu lanyi, ich werde sein. nyi, sei! mì nyi, seid!

51. „Haben" (= besitzen) muß umschrieben werden durch die Wendung „in jemandes Hand (asi) sein". Also:

Präsens.

le asinyè, ... ist in[2]) meiner Hand = ich habe ...
le asiwò, ... ist in deiner Hand = du hast ...
le ye'si, ... ist in seiner Hand = er hat ...
le mí asi, ... ist in unsrer Hand = wir haben ...
le mì asi, ... ist in eurer Hand = ihr habt ...
le wó asi, ... ist in ihrer Hand = sie haben ...

Anm. Die hier angegebene Form der besitzanzeigenden Fürwörter ist in diesem Falle allein üblich (§ 28).

Präter.: nọ asinyè, ... war in meiner Hand = ich hatte ...
Futur: lanọ asinyè, ... wird in meiner Hand sein = ich werde ... haben.

52. Besondere Aufmerksamkeit erfordern die sogenannten Form- oder Hilfsverben.

Die Evheleute lieben es, eine Handlung anschaulich in den einzelnen Stadien ihres Verlaufs darzustellen. Vieles, was wir als einen Begriff mit einem Worte zusammenfassen, zerlegen sie in seine Bestandteile und drücken diese einzeln aus. Wir sagen z. B. „bringen"; der Evhemann sagt „nehmen (und) kommen" = sọ ... va. Aber auch

[1]) Die allgemeine Ortsbezeichnung steht dabei im Akkusativ.
[2]) Vergl. die Fußnote zu § 50.

manche Adverbien und Konjunktionen werden durch Formverben umschrieben.

Besonders häufig kommen in solchen Verbindungen gewisse Verben allgemeiner Bedeutung vor wie na (geben), le (sein), yi (gehen), no̱ (sitzen, sein), so̱ (nehmen), le (fassen, ergreifen).

IV. Das Eigenschaftswort.

53. Eigentliche Eigenschaftswörter giebt es nicht viele; an ihre Stelle treten meist Adjektivverben (§ 49).

54. Häufige Eigenschaftswörter sind z. B. gã (groß), evi (klein), nyuĕ (gut, schön), vo̱e̱ (böse), kpokpoe (kurz), gbalo (leer) u. s. w. Dagegen lolo (groß werden), hwe (klein werden), nyŏ (gut, schön werden), nyrã (schlecht, böse werden), didi (lang w.), keke (breit werden) u. s. w.

Auch auf andere Weise werden Eigenschaftswörter unterschieden, z. B.:

nyã nu, etwas wissen = klug sein.
le do̱, in Krankheit sein = krank sein.

55. Das Eigenschaftswort ist stets unveränderlich. Als Attribut steht es hinter dem Hauptwort, z. B. kakla nyuĕ, ein gutes Messer. Mehrzahl: kakla nyuĕwo (vergl. § 17). — Ist das Eigenschaftswort Prädikat, so kann die Kopula im affirmativen Präsens auch fehlen.

56. Die Komparation wird durch wu (übertreffen) bewerkstelligt, z. B.:

Positiv: ati kea yi ji, dieser Baum geht hoch (= ist hoch).
Komparativ: ati kea yi ji wu ḍea, dieser Baum ist hoch, (er) übertrifft jenen = ist höher als jener.
Superlativ: ati kea yi ji wu keṅu, dieser Baum ist hoch, übertrifft alle = ist am höchsten.

V. Das Zahlwort.

57. Die Grundzahlen sind:

1	ḍeká, eḍé.	11	weḍeká.
2	eve.	12	weve.
3	etŏ.	13	wetŏ.
4	ene̱.	14	wene̱.
5	atŏ.	15	weatŏ.
6	aḍĕ.	16	weadĕ.
7	aḍre.	17	weaḍre.
8	enyi.	18	wenyi.
9	asiḍeke̱, nyiḍe.	19	weasiḍeke̱.
10	ewo.	20	ewi

30	egbã.	300	kaaḍre-takpó.
40	eka.	320	kanyi.
50	kačiwo.	360	kaasidekẹ.
60	katakpo.	400	kawó.
70	číwotolekawéme.	440	kaweḍeká.
80	kave.	480	kaweve.
90	kavečiwó.	500	kaweve-takpo.
100	kavetakpo.	600	kaweatõ.
120	katõ.	700	kaweaḍre-takpo.
160	kanẹ.	800	kawi.
200	katõ.	900	kawivọve-takpo.
240	kaadẽ.	1000	kawivọatõ.
280	kaaḍre.	1200	kagbã.

Wie ersichtlich, werden die höheren Zehner meist durch Multiplikation von (e)ka (vierzig) gebildet. 1000 ist also = eka-ewi-vọatõ = 40 × (20 + 5) = 1000.

Die Einer werden den Zehnern bei 21—29 und 31—38 vermittels der Partikel vọ (und) angefügt, also 36 = gbãvọaḍẽ (egbã + vọ + aḍẽ). Dabei fällt das Präfix e überall ab, z. B. 33 gbãvọtõ (statt egbã-vọ-etõ).

Die übrigen Zahlen ergeben sich aus folgender Übersicht:

41 ka-agiga, 42 kačive, 43 kačitõ, 44 kačinẹ, 45 kačiatõ, 46 kačiaḍẽ, 47 kačiaḍre, 48 kačinyi, 49 kačiasiḍekẹ.

51 kačiwedeká (= 40 + 11), 52 kačiweve (40 + 12) u. s. w. (kači in Verbindung mit den Zahlen 11—19).

61 katakpo-agiga, 62 katakpočive u. s. w. (katakpoči in Verbindung mit den Zahlen von 2—9, ebenso wie die Zahlen von 42—49).

71 čiasiḍekẹ-tọ-le-kaveme (d. i. 9 ziehe ab von 2 × 40), 72 činyi-tọ-le-kaveme (d. i. 8 ziehe ab von 2 × 40) u. s. w. (die Einer von 9—2 mit dem Präfix či werden von kave in dieser Weise subtrahiert), 79 agiga-tọ-le-kaveme.

81 kave-agiga, 82 kavečive u. s. w. (wie die Zahlen von 41—49).

91 kavečiwedeka (80 + 11), 92 kavečiweve u. s. w. (wie die Zahlen von 51—59).

58. Die Grundzahlen stehen **hinter** dem Hauptwort (ohne Pluralendung! § 18).

59. Die **Ordnungszahlen** werden von den Grundzahlen durch die Endung gõa abgeleitet:

evegõa, zweite
etõgõa, dritte
enẹgõa, vierte u. s. w.
der **erste** ist čučugbõa,
der letzte, mlẽgõ.

60. **Multiplikativzahlen** werden mit ze gebildet, z. B. zeḍeka, einmal, einfach; zeve, zweimal, zweifach; zetõ, dreimal; zeatõ, fünfmal u. s. w.

61. Unbestimmte Zahlwörter: kpata, keṅu (alle, ganz), sugbọ (viel), fū (sehr viel), viḍe (wenig), nẹnẹ (wieviel?), ebu (anderer), ḍekpe (jeder) u. s. w.

VI. Verhältniswörter.

62. Eigentliche Verhältniswörter fehlen; sie werden durch Hauptwörter und Zeitwörter umschrieben, z. B.

a) Ersatz durch Hauptwörter.

me, Inneres, für: in.
dọme, Innere, für: zwischen.
dodome, Mitte, für: inmitten, zwischen, unter.
ṅti, Außenseite, für: wegen, um ... willen.
gbọ, Seite, für: neben, bei.
u. s. w.

b) Ersatz durch Verben.

le, sein = an.
yi, gehen = nach ... hin.
na (nẹ), geben = für, zu.
ḍo, legen, setzen = an ... hin.
u. s. w.

63. Viele Verben sind im Anẹhọ transitiv, die wir im Deutschen mit Präpositionen zu verbinden pflegen, z. B. so Aṅlọ, von A. kommen; yi Aṅlọ, nach A. gehen; nọ Aṅlọ, in A. sein.

64. Die Hauptwörter, welche zum Ersatz von Präpositionen dienen, werden mit dem Genitiv (ohne be) verbunden und stehen deshalb nach (Postpositionen). Die Verben stehen im Infinitiv und zwar vor dem abhängigen Kasus (Präpositionen), z. B.:

họa me, Zimmers Innere = in dem Zimmer,
họ ḍeka me, in einem Zimmer,
fiọa gbọ, des Königs Seite = bei dem König,
aber: gblọ na fiọa, sagen zum König.

65. Oft werden Präpositionen (b) und Postpositionen (a) mit einander verbunden. So werden örtliche Postpositionen, wenn sie die Ruhe bezeichnen, durch die Präposition le, wenn sie Bewegung bezeichnen, durch yi oder ḍo eingeleitet, z. B.

le họa me, im Zimmer;
yi họa me, ins Zimmer.

66. Hängt im Deutschen ein persönliches Fürwort von einem Verhältniswort ab, so muß dafür im Anẹhọ

a) bei einer Postposition das besitzanzeigende Fürwort (§ 28) stehen, z. B. gbọnye = meine Seite = bei mir;
b) bei einer Präposition die Objektsform des persönlichen Fürworts (§ 26), z. B. nam = für mich.

67. Die häufigsten deutschen Verhältniswörter werden hiernach im Anẹhọ wie folgt wiedergegeben:[1])

---

[1]) Hierbei sind die Präpositionen, wo es erforderlich schien, ausdrücklich durch den Zusatz (Pr.) gekennzeichnet.

an, ḍo ... ṅti (= an die Seite),
le ... ṅti (= an der Seite),
le ... me (= im Innern).
auf, ji (Pr.).
aus, so (Pr. = herkommend von),
so ... gbọ (herkommend von der Seite), le ... me.
bei, gbọ, ḍo ... ji, le ... me, ku.
bis, so ... yi ...
durch, to ... me, ḍo ... ṅti.
für, na (nẹ), ḍo ... ṅti, ḍo ... ta.
gegen, kpe (Pr.), tù ... ta.
hinter, godo, yome.
in, me, le ... me.
jenseits, ... akpa ḍea.
längs, didime.
mit, ku (Pr.), kudo (Pr.).
nach, yome, doḍa (Pr.), yi (Pr. = nach ... hin).
neben, gbọ, hadame.
oberhalb, ji wu (Pr.).
ohne, male (Pr.).
seit, sọ so (Pr.).
statt, tepe, ḍo ... tepe.
trotz, gãke.
um ... herum, plo ha do; um ... willen, ḍo ... ṅti.
unter, gọme.
über, fla (Pr.), ji (nẹ nu), ayame (nẹ nu).
von, so (Pr.), so ... gbọ; be (Besitz).
vor, ṅkọ (örtl.), gbọwe (zeitl.).
wegen, ḍo ... ṅti.
zu, gbọ, le (Pr.), na (nẹ).
zufolge, gọme.
zwischen, dodome.

VII. Konjunktionen.

68. **Wortverbindende:** kù, und; alõ, oder; mu ... alõ ... wo, weder ... noch; nyã, auch.

69. **Satzverbindende:** a) **beiordnende:** gbọwe, dann, darauf; yeṅti, deswegen, deshalb, daher; vọa, alsdann, hernach, aber, jedoch; ḍo, denn; b) **unterordnende:** be, bena, daß (nach Verben des Sagens); nẹ, wenn; ega keme (zur Zeit wo =) als, während; kakake, als; ekeme, während; ḍo, weil; be, ob u. s. w.

VIII. Adverbien.

70. **Adverbien des Ortes:**

fiẹ, fikẹ, wo?
yi fiẹ, wohin?
so fiẹ, woher?
fie hier.
funu, dort, da.
yi funu, dorthin.
afisiafi, afiḍekpekpe, überall.
eji, oben.
gọme, unten.
ṅkọ, vorn, vorwärts.
ṅgbedome, hinten.
hihenu, draußen.
eme, drinnen.
emiọme, links.
ḍusime, rechts.
ṅgbe, rückwärts.
ahome, daheim.
akpa ḍea, jenseits.
anyi, nieder, hinab.

71. **Adverbien der Zeit:**

welẹbekẹ, wekẹwe, wann?
zenẹnẹ, wie oft?
leke ... didi ḍo, wie lange?
fifi, jetzt, eben, soeben, sogleich.
sã, früher, ehemals.
ga ṅuame, damals.
gbe ḍeka, einst.
ṅjẽ, bald.
blẹwublẹwu, nachher.
egbe, heute.
esọ, gestern, morgen.
nyisọ, vorgestern, übermorgen.
ṅgbe, spät.
kaba, früh.
ezãme, nachts.
ṅdekẽnyẽ, morgens.

doṅkusume, mittags.
wetrọme, nachmittags.
fiẽsime, abends.
e didi, lange.
tẹgbẹ, ṅklõṅklõ, immer, stets, oft.
enuenu, oft.
zesugbọ, oftmals.
ga ḍewome, bisweilen, mitunter, manchmal.
gba, gbigbọ, wieder.
mu ... kpọ wo, mu ... gbeḍe wo, nie niemals.

72. Verschiedene Adverbien:

leke, nukẹ, wie?
sigbe, gleichwie.
sigbe aleke ... nẹnẹ, so wie.
leke, nẹnẹ, so.
emọ kea, auf diese Weise.
õ, ja.
oo, nein.
bu ṅkume, anders.
ḍeka ṅkume, ebenso.
ṅtọ, sehr.
tamunyõwḍa, vielleicht.
kaba, schnell.
blẹwublẹwu, langsam.
sẽsẽḍe, laut.
zaza, kẹḍẹkẹḍẹ, leise.
anọ, ungefähr, etwa.

73. Adverbiale Bestimmungen des Raumes und der Zeit werden meist durch eins der Formverben (Präpositionen, § 62) le, ḍo oder yi eingeleitet, z. B.

be gbigbọ, va họa me le ṅusua gbọ.
sie kehrte-um, kam das-Zimmer in — dem-Gatten zu.

C. Eine Parabel der Anẹhọ-Leute*)

mit wörtlicher und freier Übersetzung.

Ḍekájavi etõ wole Dáhome[1]); wóniko[2]) enyi Kwakú,
Jünglinge drei sind in-Dahome; ihr-Name ist Kwaku,

Kwawú, Kofí; ṅsovi etõ kéawoa gbeḍekágbe ṅḍekanyẹa,
Kwawu, Kofi; Jünglinge drei diese eines-Tages frühmorgens,

eye wonọ anyi le fió be agbonu[3]). Eye fió
da setzen-sie-sich nieder auf des-Königs Vorplatz. Und Königs

srṍwoa me etõ woso tõme[4]) va leyi,
Frauen-den von drei kamen Fluß-vom kamen gehen-vorüber,

eye ḍekájaviawo woḍometó[5]) ḍeká gblọ, bena[6]) nyónu
und die-Jünglinge von-ihnen einer sprach — Frau

ṅkọgbetóa ameḍe kẽ[7]) suẹ[8]) nam, ne
erste jemand möge nehmen-sie (u.) geben-mir, dann

madé[9]) ṅkeke tõ me, ne woawum.[10])
ich-werde-heiraten Tage drei auf, dann sie-werden-töten-mich.

---

*) Vergl. Z. A. O. S. III, S. 30 ff. Der Wortton ist hier durch den Akut bezeichnet (á). Die erklärenden Anmerkungen folgen am Schluß des Textes.

Eye Kwawú gblọ, bena amẹḍe kẽ sọ ḍometọ́a
Und Kwawu sprach, — jemand möge nehmen mittlere-die
nam, ne madé ṅkeke adẽ, ne
geben-mir, dann ich-werde-heiraten Tage sechs, dann
woawum. Eye Kofi gblọ, bena amẹḍe kẽ
sie-werden-töten-mich. Und Kofi sprach, — jemand möge
sọ ṅgbesitọ́a nam ne madé ṅkeké
nehmen letzte-die geben-mir, dann ich-werde-heiraten Tage
enyi, ne woasọm wu.
acht, dann sie-werden-nehmen-mich (zu)-töten.

Eye ékeme ḍekájaviawo le[11]) nya gblọ kọa,
Und während die-Jünglinge sind die-Sache sprechend gerade,
ye sákplẹtọ le fúnua se nya, yi to nẹ fió;
da Verräter war dort hörte die-Sache, ging erzählte dem König;
eye fióa be, ne woayõ ḍéviawo va;
und der-König sprach, daß sie-werden-rufen die-Knaben zu-kommen;
eye woyọ ḍéviawo yi fióa gbõ. Eye fióa
und sie-riefen die-Knaben hin-zu des-Königs Seite. Und der-König
biọwo nya se[12]), ye wolõ: ẽ, ẽ, ẽ,
fragte-sie nach-der-Sache um-zu-hören, und sie-stimmten-zu: ja, ja, ja,
migbló nyawo. Eye fióa bíówo be:[13]) mamã[14])
wir-sagten die-Sachen. Und der-König fragte-sie —: ich-werde-teilen
nyónuawo na mia?[15]) ye ḍekájavia wolõ be:
die-Frauen (zu) geben euch? und die-Jünglinge stimmten-zu —:
ẽ, mãwo nami. Eye fióa wọ nẹnẹ nawo.
ja, teile-sie (zu)-geben-uns. Und der-König that so (und)-gab-ihnen.
Eye wosó ḍevíawo ku nyónuawo yi ḍo[16])
Und sie-nahmen die-Knaben und die-Frauen (zu)-gehen (zu)-setzen
ḥọ ḍeká me. Ḥọ ke me woḍowo, fẹstlẽ múle
Zimmer ein in. Zimmer worin sie-setzten-sie, Fenster nicht-war
ḥọa ṅti wo. Eye wotu hõa ḍowonu[17]).
dem-Zimmer an (nicht). Und sie-schlossen die-Thür hinter-ihnen.
Eye le ṅkeke tõa gbea, ye woyó Kwakú gbakúḍo
Und es-war Tage dreier die-Zeit, da riefen-sie Kwaku und
srõa, ye woto le ḥóa me ye wowú Kwakú
das-Weib und sie-kamen aus dem-Zimmer und sie-töteten Kwaku
d'asi le nyónua ṅti.
nahmen-die-Hand von der-Frau Seite.[18])

Eye le ṅkeke adẹ́a mea, ye woyọ Kwawu ku
Und es-war Tage sechs-der in, da riefen-sie Kwawu und
srõa, ye woto le ḥóa me. ye wowú
das-Weib, und sie-kamen aus dem-Zimmer in. Und sie-töteten
Kwawu d'así le nyónua ṅti.
Kwawu (u.) ließen-die-Hand von des-Weibes Seite.

Eye le ṅkeke nyia gbea be[19]) zamea[20]) Kofi
Und in Tage acht-der der-Zeit — in-der-Nacht. Kofi
ku srõa wokpọ́ mọ ye wosi le ḥọ́a
und das-Weib sie-fanden Weg und sie-entliefen aus dem-Zimmer
me. Aleké wọ ye wosía? Ékeme ne wo kpata wole
in. Wie thun und sie-entliefen? Während daß sie alle waren
ḥọ́amea[21]), wọḍõna[22]) adidọ́[23]) ḍo afi ḍeká le glia ṅti,
in-dem-Zimmer, sie-machten Urin auf Stelle eine an die-Wand an,
ye ekeme aza la su vọ, ne woadewo
und als die-Zeit wollte genügen fertig, daß sie-wollten-nehmen-sie
toa, esrõa nyọ́nua ṅọ glia ḍo
heraus(zu)kommen die-Frau das-Weib bohrte die-Wand nach
agbọ́nu, ye nyọnua to za me, yi nọa
Vorplatz, und das-Weib kam-heraus Nacht in, ging der-Mutter
gbọ yi fọ ebe nuwo; eye be gbigbọ́ va ḥọ́a
zu ging holen ihre Sachen; und sie kehrte-zurück kam das-Zimmer
me le ṅsua gbọ, ye wo ku ṅsua wosi
in an des-Mannes Seite, und sie samt dem-Mann sie-entflohen
za me, jo le dua me.
Nacht in, gingen-fort aus der-Stadt in.

Eye ke ṅkea, ye fiọa be, wone yi
Und als es-dämmerte, da der-König sagte, sie-sollten gehen
yọwo va, ye wojiwo dókpo le ḥọ́a me.
rufen-sie (zu)-kommen, und sie-suchten-sie vergeblich im Zimmer in.
Eye fiọ́a gblọ ne aḥuagá, be ne je wóyome,
Und der-König sprach zu Heerhauptmann, daß er-folge ihnen-nach,
ne woalewo va naye.[24]) Eye tetéa aḥuagá
damit sie-fangen-sie (zu)-kommen geben-mir. Und sogleich Hauptmann
je wóyome ku aḥuáviwo.
folgte ihnen-nach mit Kriegern.

Eye kaká kené woḥewoa, eye wokuwo le Azizá
Und bis daß sie-erreichten-sie, da ruderten-sie-sich auf dem-Asisa
nu jo le yi Azizá godo. ye ega
auf (um)-fortzugehen nach hin Asisa andre-Ufer. Und Hauptmann
ḥewo le tọa ḍome. Eye be yọ hṅkutọa be:[25])
erreichte-sie auf dem-Flusse mitten. Und er rief den-Bootsmann —:
ne gbigbọ́ hṅa va; eye nyọnua gbe
er-solle-zurückbringen das-Boot (und)-kommen; und das-Weib verbot
ne hṅkutọa be mugba yi wo! Eye gaa[26]) to ne
dem Bootsmann — nicht gehe nicht! Und Hauptmann sagte zu
hṅkutọa be: gbigbọ́wo va nam, ne
dem-Bootsmann —: bringe-sie-zurück komm gieb-mir, damit

manawo[27]) togbéjavi eve; ye nyónu ca gblọ na
ich-gebe-dir junge-Mädchen zwei; und Weib auch sagte zu

hn̄kutọa be: kum yi tọa godo,
dem-Bootsmann —: rudere-mich hin-zu des-Flusses andrem-Ufer,

ne manawo gbletí alinu ewo. Eye hn̄kutọa
damit ich-gebe-dir [28]) Paar zehn. Und der-Bootsmann

kuwo kọ, ḍo ago le tọa godo,
ruderte-sie setzte-sie-aus setzte an-Land an des-Flusses anderem-Ufer,

ye gaa ku etọwo ye wogbigbó yi aḥwe.
und der-Hauptmann mit Männern und sie-kehrten-zurück nach heim.

Eye ekene Kofí ku srȭa woḍo ago vọa[29]),
Und als Kofi und die-Frau sie-setzten an-Land fertig

wotọ azóli ji le yiyi kọ; ye kene wodo
sie-begannen Gang auf — Gehens Seite; und als sie-kamen

agblé-kópe mọ nua, tetéa edā̆ ḍu Kofi ye be ku.
Acker-Dorfes Weg auf, alsbald Schlange biß Kofi und er starb.

Eye srȭa bọbọ nọ anyi le egbọ[30]) lefaaví.
Und die-Frau setzte-sich saß nieder bei ihm (und)-weint.[31])

Eye le wẹtró me be[32]) ga nẹ me, kené agbletówo
Und am Nachmittag am — Uhr vier um, wenn Landleute

gbónaa ye n̄su ḍe ku via nyọnuvi woso
heimkehren[33]), da Mann ein mit dem-Kind Mädchen sie-kamen

agblé va leyi ahwe. Eye kené nyọnuvia kpọ
vom-Acker kamen und-gingen heim. Und als das-Mädchen sah

ame kúkua le anyi mlọ pea ye srȭa le avifa
Menschen den-toten da unten liegen Ort und das-Weib weinen[33])

kọa, ye be to na tọa be, ne fȭ ame
gerade, da es sprach zu dem-Vater —, er-möge wecken Menschen

kúkua naye[34]). Eye tọa gblọ be: ame bu be ame,
den-toten mir. Und der-Vater sprach —: Leute anderer Mensch,

ke nyȭ[35]) múnya woa, ye mafȭa?[36]) nye máten̄[37])
den ich nicht-kenne nicht, und ich-sollte-aufwecken? Ich nicht-kann

wọ wo. Eye nyónuvia gblọ be: átáta, fȭe nam;
thun nicht. Und das-Mädchen sprach —: Vater, wecke-ihn mir;

ne munyi nẹnẹ woa, makú. Tetéa nyọnuvia
wenn es-nicht-ist so nicht, werde-ich-sterben. Alsbald das-Mädchen

ja anyi ye be ku. Eye tọa sọ atíke, ye be ḍo
fiel nieder und sie starb. Und der-Vater nahm Arznei, und er setzte

n̄otí me, na vía ku nsuvía, ye wo ame vea
Nase in, dem Kind und dem-Jüngling, und sie die-Menschen beide

wonyíi ye wofȭ. Eke wófȭa, nyọnuvía kplo
sie-niesten und sie-erwachten. Als sie-erwachten, das-Mädchen führte

ṅsuvía ku srŏa so yi aḫóme. Eye wono fúnua
den-Jüngling und die-Frau nach Hause.[38]) Und sie-setzten hier
ṅkeke tŏ, ye wójo le fúnua gbakú nyonuvi
Tage drei, und sie-brachen-auf von hier mit dem-Weibe
Dáḫometoa ku nyonuví, ke kpowo le mo jía
der-Dahomerin und dem-Mädchen, welches sah-sie auf dem-Weg auf
eye woyi Adánbe.
und sie-gingen nach-A.

Ekené woyi eduamea, be ṅkeke tŏa gbea, dua
Als sie-gingen in-die-Stadt, etwa Tage drei Zeit, Stadt
me fio vi-nyónu va Koff gbo va gblo ne be
in Königs Tochter kam Kofi zu kam (u.)-sprach zu-ihm —
eládē; ye nyonuvía gbagbló[40]) ne, bena
sie-will-heiraten-ihn; und das-Mädchen sagte-wieder zu-ihm, daß
ne wolŏ, be woládemua: chua mato
wenn du-zustimmst, daß du-mich-heiraten-wirst, so ich-werde-erzählen
duame nya náwo. Eye ḍekájavia lŏ ne
in-der-Stadt die-Dinge dir. Und der-Jüngling stimmte-zu ihr
bena eládē. Eye nyonuyí Adánbe-fio vía
daß er-sie-heiraten-wird. Und das-Mädchen des-Adanbe-Königs Kind
to ne be: wokpóa? eḫo ḍe le duáme, ye enyísu
sagte ihm —: Siehst-du? Haus ein ist in-der-Stadt, und Stier
yibó cślicśli, azo ḍome le ghē de ne le ḫóa me;
schwarz gänzlich, Horn zwischen ist Weißes ein ihm er-ist dem-Hause in;
eye dumegawo labio, bena nuke le ḫóa me,
und die-Stadthauptleute werden-fragen, — was ist dem-Hause in,
ne na[41]) to nayéwo.[42]) Ne woffowo, nuke le
daß (du)-mögest sagen ihnen. Wenn du-zeigst-ihnen, was ist
ḫóamea, wolawu dume fioa, woasowo
im-Hause, sie-werden-töten in-der-Stadt den-König, sie-werden-nehmen-dich
ḍo fióa tepé; ne womúfiowo nuke
(zu)-setzen (an)-des-Königs Stelle; wenn du-nicht-zeigst-ihnen was
le ḫoame woa, wolawuwo lagble fioa
ist im-Hause nicht, sie-werden-dich-töten werden-zurücklassen den-König
de. Yéṅtía gbékegbé ne wolayowo yi
(zu)-bleiben. Deshalb sobald als sie-dich-rufen-werden auf
agbónua mata avó yibó cślicśli
den-Versammlungsplatz, ich-werden-anlegen Zeug schwarzes gänzlich
ye masó kplobá bla ta, ye ne
und ich-werde-nehmen weiße-Leinwand (und)-binden Kopf, und wenn
wonó anyi le agbónua, ye manoto[43])
du-sitzest nieder auf dem-Versammlungsplatz, dann ich-werde-offen-schreiten

ṅkúwo me anọ gblọgblọ kọ be: ḥaḥáyi ḥaḥáyi,
deinem-Auge vor (ich)-werde-offen erklären gerade —: haha haha,

tọnye be azikpe lanu hu egbé. Eye masọ
meines-Vaters Stuhl wird-trinken Blut heute. Und ich-werde-nehmen

alọ atọ ṅgónu asọ tọ ṅti
Hand werde-berühren Stirn werde-nehmen berühren Oberfläche

agblọ bena: womúkpọ na[44]) nua? womúnya na nua?
werde-sagen —: Siehst-du-nicht an Sache? Weißt-du-nicht an Sache?

Eye ekené nyọnuvia fiẹ̄[45]) nya ke le dua
Und als das-Mädchen zeigte-ihm die-Sache welche ist der-Stadt

me vọa,[46]) ebe ṅkeke etõ gbea, wóyọ dekájavia yi
in völlig, etwa Tage dreier zur-Zeit, sie-riefen den-Jüngling auf

agbónu; eye dumegáwo biọ ṅsuvia[47])
den-Versammlungsplatz; und die-Stadtältesten fragten den-Jüngling

bena fika woso va du kéa me? Eye be gblọ
— woher kommst-du (zu)-kommen Stadt diese in? Und er sprach

nawo be: muso Dáḥome. Eye wobiẹ[48]) be: aleké
zu-ihnen —: Ich-komme-von Dahome. Und sie-fragten-ihn —: wie

woyọnawo. Eye be gblọ nawo bena nyikọnye etọ[49]) Kofi
sie-rufen-dich. Und er sprach zu-ihnen — mein-Name ist Kofi

Daḥome nu. Eye dumegáwo yoẹ[50]) ye wogbló nẹ be:
Dahome in. Und die-Stadtältesten riefen-ihn und sprachen zu-ihm —:

Kofí va fíọmi nuke le ḥóa mea? Eye Kofí gblọ bena:
Kofi komm zeige-uns was ist dem-Hause in? Und Kofi sprach —:

„aleké mawọ[51]) anya, nukene le ḥóa mea?
wie soll-ich-(es)-machen soll-(ich)-wissen, was ist dem-Hause in?

Eye kené Kofí gblọ nẹnẹ́a, tétea fiọ ví-nyónua ke
Und als Kofi sprach so, alsbald Königs Tochter, welche

enyi Kofí be aziavia, site, ye be konú gblọ bena:
war Kofis Geliebte, stand-auf, und sie lachte (und) sprache —:

ḥaḥái, ḥaḥái, tọnye be azikpé lanu hú egbé.
haha, haha, meines-Vaters Stuhl wird-trinken Blut heute.

Eye be tọ alọ ṅgonu sọ tọ ṅti gblọ bena:
Und sie berührte Hand Stirn nahm berührte Oberfläche sprach —:

womúkpọ na núa? womúnya na núa? Eye ekené
siehst-du-nicht — Sache? weißt-du-nicht — Sache? Und als

nyọnuvía jo yi nọ anyía, ye Kofí site
das-Mädchen fort-ging ging saß nieder, da Kofi stand-auf

ḍoagó[52]) ne dumegawo ye be gblọ bena:
bat-um-Entschuldigung bei den-Stadtältesten und er sprach —:

„mibé, mafíọmi[53]) nuke le ḥóa mea? Eye
ihr-sagt, ich-soll-euch-zeigen was ist dem-Hause in? Und

wolō be, „ē, ē, fíọmi." Eye Kofí gblọ
sie-stimmten-zu (und) sprachen, ja, ja, zeige-uns. Und Kofi sprach

nawo be: „nyi yibo ele ḥóa me, ye azo ḍome le
zu-ihnen —: Rind schwarzes ist dem-Haus in, und Horn zwischen ist

ghē ḍe nẹ."
weißes ein ihm.

Eye teté koa kene be gblō nẹnẹ́a nawoa, woje
Und alsbald gerade als er sprach so zu-ihnen, sie-fielen

fiớa ji[54]) zeḍeká ye wowuí Eye kene wowu
über-den-König-her plötzlich und sie-töteten-ihn. Und als sie-töteten

fiọa vọa, wode nyi, ke le ḥóa me, to
den-König völlig, sie-brachten Rind, welches war dem-Haus in, heraus

ye wowu nyia ča. Eye kené wówu nyia,
und sie-töteten das-Rind auch. Und als sie-töteten das-Rind,

woso ebe asike ye wosọ na Kofí; ye
sie-schnitten-ab seinen Schwanz und nahmen gaben Kofi; und

wosọ Kofí ḍo fiọ le dua me, ye fiớa be
sie-nahmen Kofi setzten König in der-Stadt in, und des-Königs

vi-nyọnuvía de Kofí.
Tochter heiratete Kofi.

Eye Kofí srōwo kpatá le nyónuwo ame tō. Eye
Und Kofis Frauen alle waren Weiber Personen drei. Und

Kofí srō Dáhometọa jiví ṅsuvi ḍeká; ye nyọnu, ke
Kofis Frau die-Dahomerin gebar Knaben einen; und das-Weib, welches

ku ḍo ji[55]) le mọ jia, ča jiví ṅsuvi ḍeká; ye
starb um-ihn auf Weg auf, auch gebar Knaben einen; und

efiọvía ča ji ṅsuvi ḍeká nẹ. Eye ḍevi-ṅsuvi
das-Königskind auch gebar Knaben einen ihm. Und Kinder-Knaben

tōa wokeṅ sí. Eye gbeḍeká
die-drei sie-waren-zusammen (u.) wuchsen-auf. Und eines-Tages

wotọ gblọ bena wonefọ[56]) yebe nuwo yi
ihr-Vater sprach — sie-möchten-holen seine Sachen (u.) gehen

sia naye. Eye ekene wolefọ nuawoa, ḍevíawo kpọ
trocknen ihm. Und als sie-holen die-Sachen, die-Kinder sahen

wotọ be nyisia, ye ḍeká sidu yi tọa gbọ
ihres-Vaters Ochsenschwanz, und einer lief hin-zu Vaters Seite

ye be bíọ tọa be ne sọ nyisía náye.
und er bat den-Vater — er-möchte nehmen den-Ochsenschwanz geben-ihm.

Eye tetéa ṅsuvi evéa wóva ye wó ča wóbiọ
Und alsbald Knaben die-beiden sie-kamen und sie auch sie-baten

wótọ nyisía be, ne sọ nayewo.
ihren-Vater den-Ochsenschwanz —, er-möchte nehmen (u.) ihnen-geben.

Eye wotǫ munya, améke ye be lana wo,[37])
Und ihr-Vater wußte-nicht, wem nun er wird-geben nicht,
nukeñtiea nyisía wusú ame tõ wo,
denn der-Ochsenschwanz genügte-nicht (für) Menschen drei nicht,
ne banawo ḍekéḍekáwo.
daß er-wird-ihnen-geben einzeln.

Anmerkungen zum Lesestück. [1]) Bei le wird die allgemeine Ortsbezeichnung in den Akkusativ gesetzt, vergl. § 50, Fußnote. — [2]) = wo-niko, § 28. — [3]) agbonu bezeichnet einen freien Platz in der Stadt am Thor. — [4]) Ob me die Richtung her oder hin oder die Ruhe bezeichnet, hängt von dem regierenden Verbum ab. Es kann also sowohl „in" (engl. in und into) wie auch „aus", „von ... her" bedeuten. — [5]) woḍometǫ besteht aus wo (sie) + ḍome (unter) + tǫ (ein Mann) = ein Mann unter ihnen. — [6]) Sätze, die von einem Verbum des Sagens abhängen, müssen stets durch die Konjunktion be oder bena eingeleitet werden. — [7]) Vergl. § 42. — [8]) suẹ = sǫ + ẹ, vergl. § 26, Anm. — [9]) Statt mu a dé = mu la dé, vergl. § 41. — [10]) = wo + a + wu + m, vergl. § 41 und § 26; töten ist wu. — [11]) Nach einem Subjekt mit dem Pluralsuffix wo wird das persönliche Fürwort wo vor dem folgenden Zeitwort ausgelassen. — [12]) se in Infinitiv zur Bezeichnung der Absicht. — [13]) Vergl. Anm. 6. — [14]) = mu + a + mã, vergl. § 41. — [15]) mia = mi + a; a am Satzschluß bezeichnet die Frage, vergl. § 47. — [16]) sǫ yi ḍo, nehmen + gehen + setzen = bringen, vergl. § 52. — [17]) ḍo + wo + nu; nu, eigentlich Mund, bedeutet als Postposition „auf". — [18]) d. h. ließen die Frau unbehelligt. — [19]) Konstruiere: in der Nacht der Zeit der acht Tage. — [20]) za + me + a; a ist der Satzartikel, der den Schluß eines Satzes oder auch einer adverbialen Bestimmung desselben anzeigt. — [21]) hǫ + a + me + a; das erste a ist Wort=, das zweite Satzartikel. — [22]) = wo + ḍõ + na, vergl. § 38. — [23]) Im Añlõ: adutǫ. — [24]) Nebenform für nam. — [25]) Vergl. Anm. 6. — [26]) = ga + a, gewöhnlich nur ga, § 14. — [27]) = mu + a + na + wo, § 41. Das Futur steht hier in der Bedeutung eines Finalis. — [28]) gbleti ist ein Kleinod von hohem Wert. — [29]) Häufige Umschreibung für das deutsche Plusquamperfektum. — [30]) = e + gbǫ = ye + gbǫ, seine Seite, vergl. § 28 und § 66. — [31]) Die Genitivpartikel be dient auch zum Anschluß einer nominalen Adverbialbestimmung an ein Hauptwort. — [32]) = gbǫ + na + a, Aorist von gbǫ mit folgendem Satzartikel, vergl. Anm. 20. — [33]) Weinen ist fã vi oder fa avi. Im Präsens tritt das Objekt (avi) solcher Verbindungen stets vor den Verbalstamm = le avifa; über kǫ + a vergl. § 39. — [34]) naye, Nebenform für nam. — [35]) nyõ statt mu, vergl. § 48. — [36]) = mu + a — fõ + a, Futur von fõ mit Fragepartikel. — [37]) teñ scheint immer im Futur zu stehen. — [38]) sǫ yi = zu nehmen zu gehen = nach. — [39]) = e + la + dé + ẹ. Ergänze hiernach § 26, Anm. — [40]) gba vor einem Verbalstamm bezeichnet die Wiederholung einer

Tätigkeit (Iterativ). — [41]) na bildet wie kē (§ 42) eine Art von Optativ. — [42]) nayewo, Nebenform für na wó. — [43]) = mu + a + nọ + to. Nọ in dieser Verbindung bedeutet soviel als „nicht zögern, unbedenklich thun". — [44]) na bezeichnet hier das direkte Objekt. — [45]) = fia + ẹ, vergl. § 26. — [46]) Vergl. Anm. 29. — [47]) ňsu Mann + vi klein. — [48]) = wo + bia + ẹ. — [49]) tọ bedeutet: heißen. — [50]) Statt yọ + ẹ. Ergänze danach § 26. — [51]) = mu + a + wọ. — [52]) Um Entschuldigung bitten, wenn man das Wort ergreift. — [53]) = mu + a + fiọ + mi. — [54]) je . . . ji, über jn. herfallen. — [55]) ḍo ji bedeutet a) darauf liegen, b) beistehen; hier „beistehend". — [56]) = wo-na-fọ (Anm. 41) = wo-kē-fọ. — [57]) Die halbe Negation zum Ausdruck des Zweifels.

Freie Übersetzung.

Es waren einmal drei junge Männer in Dahome, Namens Kwaku, Kwawu und Kosi.[1]) Diese drei Jünglinge saßen eines frühen Morgens auf dem freien Platz vor dem Königshause. Da gingen drei von den Weibern des Königs, welche im Fluß Wasser geschöpft hatten, an ihnen vorüber, und einer von den jungen Leuten sprach: „Wenn mir doch einer die erste von diesen zur Frau gäbe, nur auf drei Tage, so könnte man mich nachher totschlagen." Kwawu sagte: „Gäbe man mir die mittlere auf sechs Tage zur Ehe, so möchte man auch mich ruhig umbringen." Und Kosi sprach: „Und wenn ich mit der letzten auf acht Tage verheiratet sein könnte, ließe ich mich gern zum Tode führen."

Diese Unterhaltung aber hatte ein Verräter belauscht und hinterbrachte sie dem Könige. Der König befahl, daß die jungen Leute vor ihn geführt würden, und als man sie gerufen hatte, ließ er ihre Reden wiederholen, und sie bestätigten: „Ja, ja, ja, so haben wir gesprochen." Da fragte er sie: „Soll ich euch die Frauen wirklich übergeben?" Und die Jünglinge erwiderten freudigen Sinnes: „Ja, gieb sie uns." Da that der König, wie sie gewünscht hatten.

Man führte nun die jungen Leute mit den Frauen in ein gemeinsames Gemach, das kein Fenster hatte, und schloß sie dort ein.

Nach Verlauf von drei Tagen ließ man Kwaku mit seinem Weibe herauskommen, tötete ihn und gab der Frau die Freiheit. Und als die sechs Tage um waren, verfuhr man mit Kwawu und seinem Weibe ebenso.

---

[1]) Diese Namen würden sich mit Mittwochskind, Donnerstagskind und Freitagskind übersetzen lassen. Die Ewe haben die Namen der Wochentage aus dem Nordwesten von den Tschi-Negern überkommen, bei denen ein jeder der sieben Tage in den Schutz eines Genius gestellt und nach ihm benannt war. Diesem Schutz werden auch die an dem betr. Tage geborenen Kinder anbefohlen, indem man ihren Namen aus dem des Genius bildet, bei den Knaben durch das Präfix kwa oder ko (Mann, Sklave).

In der Nacht zum achten Tage aber fand Kosi mit seinem Weibe einen Ausweg und sie entschlüpften. Wie ward ihnen das möglich? Sie hatten, als sie noch alle in dem Raume weilten, sämtlich ihr Wasser auf eine Stelle in der Wand laufen lassen, und als die Zeit, wo man sie herausholen wollte, herannahte, vermochte die Frau durch die so gelockerte Wand[1]) nach dem freien Platze hin ein Loch zu bohren; sie ging bei Nacht hinaus, begab sich zu ihrer Mutter, holte ihre Kleinodien, kehrte dann zu ihrem Manne zurück, und beide entrannen dem Gewahrsam und verließen die Stadt. Bei Tagesanbruch sandte der König nach ihnen, aber vergebens suchte man sie im Gemache. Da befahl der König seinem Hauptmann, ihnen nachzujagen, daß er sie finge und ihm brächte: und dieser folgte sofort mit junger Mannschaft ihrer Spur.

Allein bevor man sie einholte, hatten sie sich bereits auf dem Asisa eingeschifft, um auf der anderen Seite Zuflucht zu suchen und befanden sich schon mitten auf dem Fluß, als der Hauptmann anlangte. Der rief dem Bootsmann zu, er solle zurückkehren; die Frau aber befahl ihm: „Kehre nicht wieder um.“ Da sagte der Hauptmann zum Bootsmann: „Bringst du sie mir wieder, so schenke ich dir zwei junge Mädchen.“ Doch die Frau sprach zu ihm: „Ruderst du mich hinüber, so will ich dir zehn Paar Gbleti[2]) geben.“ Da fuhr der Bootsmann sie hinüber und setzte sie ans Land, und der Hauptmann kehrte wieder heim mit seinen Mannen.

Sobald Kosi und seine Gattin gelandet waren, machten sie sich wieder auf die Wanderschaft. Aber kaum hatten sie den Weg zu einem Ackerdorf eingeschlagen, da wurde Kosi plötzlich von einer Schlange gebissen und mußte sterben. Die Frau kauerte sich an seiner Seite nieder und weinte.

Es war um vier Uhr nachmittags, also zu der Zeit, wo die Landleute heimzukehren pflegen, da kam ein Mann mit einem jungen Mädchen, seiner Tochter, vom Felde und ging an ihnen vorüber. Und als das Mädchen den toten Mann am Boden liegen sah und sein Weib in Thränen versunken, bat sie ihren Vater, er möchte doch den Toten aufwecken und ihr geben. Der Vater aber sprach: „Anderer Leute Kind, das ich gar nicht kenne, sollte ich aufwecken? Nimmermehr!“

---

[1]) Die Wände bestehen dort aus Lehm.

[2]) Gbleti sind grünliche oder bläuliche, etwa 15—20 Millimeter lange Röhren, die an einer Schnur getragen werden und unter den Kostbarkeiten den ersten Rang einnehmen. Wer eine Jungfrau geheiratet hat, gibt ihr als Morgengabe zwei gbletí oder, falls er diese nicht hat auftreiben können, 12 sh. Ein Gürtel von gbletí kann demnach 50 Pf. St. und darüber kosten.

Man findet die gbletí, deren Entstehung einige einem Wurm zuschreiben, andere dem Regenbogen, welcher durch seine Farben die Gottheit der Kleinodien repräsentiert, meist durch Zufall in der Erde, gräbt ihnen aber auch an manchen Orten nach, z. B. früher an der Stelle, wo jetzt das Regierungsgebäude steht.

Doch das Mädchen sagte: „Lieber Vater, wecke ihn auf und gib ihn mir; geschieht es nicht, dann muß ich sterben.“ Und mit einem Male sank sie hin und war tot. Da nahm der Vater eine Arznei, steckte sie seiner Tochter und dem jungen Manne in die Nase, und alsbald niesten die beiden und erwachten.

Darauf führte ihn das Mädchen mit seiner Gattin in ihr Heim, und sie weilten daselbst drei Tage. Dann machten sie sich auf, er und die junge Dahomerin und das Mädchen, das sie am Wege gefunden hatte, und gingen zusammen nach Adangbe.

Etwa drei Tage, nachdem sie die Stadt betreten hatten, kam die Tochter des dortigen Königs zu Kofi und erklärte ihm alsbald, sie wolle ihn heiraten. Und weiter sprach sie: „Willigst du ein, mich zur Frau zu nehmen, so werde ich dir das Geheimnis der Stadt offenbaren.“ Der Jüngling war einverstanden. Da erzählte ihm die Königstochter von Adangbe folgendes: „Siehst du dort das einzeln stehende Haus in der Stadt? Darin ist ein Stier, kohlschwarz von Farbe, nur mit einem weißen Fleck zwischen den Hörnern. Die Ratsherren werden dich auffordern, ihnen zu sagen, was in dem Hause ist. Wenn du es richtig angiebst, so werden sie den König der Stadt töten und dich an seine Stelle setzen; kannst du es nicht angeben, so werden sie dich töten und ihren König behalten. Darum will ich, sobald sie dich auf den Versammlungsplatz rufen, kohlschwarzes Gewand anlegen und eine weißleinene Kopfbinde, und werde, wenn du daselbst Platz genommen hast, vor deinen Augen daherschreiten und vernehmlich sprechen: ‚Haha, haha, heute wird meines Vaters Stuhl Blut trinken.‘ Dabei werde ich die Hand an die Stirn legen, werde auf mein Kleid deuten und sprechen: ‚Siehst du's denn nicht? Weißt du's denn nicht?‘“

Es mochten drei Tage verflossen sein, seitdem ihm das Mädchen das Geheimnis der Stadt offenbart hatte, da rief man den Jüngling auf den Versammlungsplatz und die Ratsherren fragten ihn: „Von wo bist du hierher gekommen?“ Er antwortete: „Ich stamme aus Dahome.“ Und sie fragten weiter: „Wie heißt du?“ Er sprach: „In Dahome nennt man mich Kofi.“ Da redeten ihn die Ratsherren abermals an und sprachen: „Kofi, tue uns jetzt kund, was sich in dem Gebäude dort befindet.“ Kofi aber sagte: „Wie kann ich wissen, was in dem Hause ist?“

Während er so redete, erhob sich geschwind die Königstochter, seine Geliebte, und sprach lachend: „Haha, haha, heute wird meines Vaters Stuhl Blut trinken.“ Dann legte sie die Hand an die Stirn, strich über ihr Gewand und rief: „Siehst du's denn nicht? Weißt du's denn nicht?“

Da trat, nachdem sie sich in einiger Entfernung niedergelassen hatte, Kofi auf, bat die Ratsherren um Erlaubnis zu reden und sprach: „Ihr sagtet, ich solle euch kund tun, was sich in dem Gebäude dort befindet?“ Sie erwiderten: „Ja, ja, verkünde es uns.“ Und Kofi sprach zu ihnen: „Ein schwarzes Rind ist darin mit einem weißen Fleck zwischen den Hörnern.“

Kaum hatten sie diese Worte vernommen, da auf einmal packten sie ihren König und töteten ihn. Alsdann holten sie den Stier aus jenem Raum hervor und töteten ihn gleichfalls; und nachdem sie ihn geschlachtet hatten, schnitten sie ihm den Schwanz ab und gaben ihn Kosi. Darauf machten sie Kosi zum König ihrer Stadt, und die Königstochter heiratete ihn.

Nun hatte Kosi zusammen drei Frauen. Und seine Gattin aus Dahome gebar ihm einen Sohn; desgleichen die Frau, welche damals um seinetwillen gestorben war; ebenso auch die Königstochter. Diese drei Knaben wuchsen miteinander auf.

Eines Tages gebot ihr Vater, man solle seine Sachen holen und zum Trocknen in die Sonne legen. Da erblickten die Kinder, als man das Zeug hinaustrug, den Ochsenschwanz, und eins lief schnell zum Vater mit der Bitte, ihm diesen zu schenken. Sogleich aber kamen auch die beiden anderen Knaben und baten ihren Vater um den Ochsenschwanz. Und der Vater wußte nicht, wem er ihn geben sollte, denn ein Ochsenschwanz[1]) läßt sich nicht an drei verschenken.

D. Deutsch-Ewe-Wörterverzeichnis.

Aal, tọdã.
Abend, fiẽsi (6—9 Uhr); abends, des Abends, fiẽsime.
aber, vọa.
Ader, ekã.
Adler, ehõsuaditi (ehõ).
ähnlich sein, ḍi; Ähnlichkeit ḍiḍime.
Ähre, ekpo.
alle, kpata, keṅu.
allein, akoṅgo.
alt sein, (Mensch und Tier) si, (Sachen) do ho; altes Haus ahwe hoho; alter Mann, Alte amegã.
Ameise, aḍiḍe, bàbà; —nhaufen aḍiḍekpo, babakõ.
an, ḍo . . ṅti, le . . ṅti, le . . me.
ander, —er, —e, —es, ebu, ḍetọa; anders bu ṅkume; anderthalb ḍeka ku fã.
anfangen, tọ ji.
Angel, kpoṅu; angeln da kpoṅu.
Anker, seṅge; ankern da seṅge.
antworten, ḍo nyã ṅti.
anziehen (Kleider), do awu.
anzünden, tọ zo, do zo, sũ.
arbeiten, wọ dọ.
Arm, abọ.
Armband, abọkpo, alọtinuga.
Arznei, atike.
Asche, afi.
Ast, alọzõ.
atmen, gbõ; Atem gbõgbõ.
auf, ji.
aufstehen, si te.

---

[1]) Der Ochsenschwanz ist in diesem Falle, wie das Obige erschließen läßt, das Symbol des Königstums, und der Sohn, der ihn erhielte, würde dadurch zum Kronprinzen ernannt werden. Es handelt sich also hier um die schwierige Frage, welche der drei Mütter auf Grund ihrer Verdienste um Kosi die Bevorzugung ihres Sohnes beanspruchen dürfte.

Auge, Augapfel, ṅkuvi; Augenblick kpoeḍeke, azã viḍe; Augenbraue azũ; Augenlid ṅkuvibayu.
aus, so, to le .. me; aus sein vọ.
Aussatz, ekpò.
außen, hihenu; außer bọ ḍo .. ṅti, kpe; außerhalb hihenu.
Art, efió.

Bach, etọsasavi.
Backe, alọgo.
baden, le si; Badewanne sileganu.
bald, fijẽ.
Banane, akọḍu.
Bank, maṅgo.
Bart, eyẽ.
Bauch, podo.
bauen, tù, (Feld) dà, (Schiff) ta.
Baum, ati; Baumwolle ḍeti.
Becher, kọpo.
bedecken, čõ.
befehlen, ḍe gbe; Befehl gbeḍeḍe; Befehlshaber gbeḍetọ.
begegnen, do go.
begraben, ḍì.
bei, gbọ, ḍo .. ji, le .. me, ku.
Beil, efióvi.
Bein, ata; Beinkleid atawi.
beißen, bà, ḍù; Biß, ḍuḍu.
Berg, etó; bergauf gehen lia to; bergab gehen ḍi.
Besen, ehá.
besuchen, ji .. kpọ; Besuch amejro.
Bett, aba; betten ḍo aba.
bezahlen, tu fẽ.
Biene, anyi; Bienenstock anyi be agba.
binden, bla, sã.
bitten, fã kwe, ḍe kuku; Bitte kwefã.
bitter sein, ve.
bleiben, nọ anyi, či anyi; übrig b. či .. ji.
blind sein, ṅkuvi gbã (nẹ ame); Blinde ṅkuvigbãgbãnọ.
Blitz, hẹbiẹso, jikezo; es bl. eyi leke zo.
Blume, ese.
Blut, ehũ; blutdürstig hũnutọ; bluten to hũ, ḍi hũ; blutig sein pohũ.
Bogen, dati.
Bohrer, mọḍenu.
Boot, aklo, bẹṅtrẹ.
Bräutigam, agọsọtọ.
brechen, gbã, ṅẽ, (Brot) kã, (Früchte) sũ.
breit sein, keke.
brennen, bi, (Ziegel) mẽ.
bringen, sọ .. va.
Brot, kpọnọ.
Bruder, nọvi-ṅusu; Gebrüder nọviwo.
Brunnen, vudo.
Brust, akọta, anọ.

Dach, họta.
damals, ga ṅuame.
danken, do akpe; Dank akpe; dankbar akpedotọ.
Darm, adọvi; Gedärm adọviwo.
Daumen, deglesu.
dick sein, sẽṅu, tri; dick werden kla.
Dickicht, avekõ.
Diener, sumọtọ, yovodevi, gbọvi.
Ding, enú.
Dolch, adekpe, bẹtẹ.
Donner, hẹbiẹso be gbe; donnern, es d. eji lete gbe.
Dorf, kọpe.
Dorn, aṅuja.
dünn sein, (hoe) hwe, nọ trẹlẹ.
dürsten, sikọ ti ame; Durst sikọ.
dumm, họvi, sukunọ; d. sein či bome.
Dummheit, hõvinu.
dunkel, blikõ; d. sein do viviti.

Ebbe, apuḍike, aṅui.
ehren, bù, si (ame); Ehre bùbú.
Ei, azĩ.
Eidechse, adoglo.
eintreten, va eme, ḍó eme.
Eisen, egà.

Eiter, nutẽtẽ be si; eitern do si.
Ellbogen, abogligonu.
endlich, eyome, gbowe.
eng sein, miõ, hiha.
Erde, hiheme, anyigbã.
erreichen, su.
erschrecken, do võvõ, do ṅoji, ji ṅo (ne ame).
erschrecken, võ, adika so (ame), da avũ.
ertrinken, kú toku.
erwarten, kpo mo (ne ame).
Euter (Tier), ano.

Faden, ekavi; einfädeln do kavi.
Fächer, papa; fächeln po papa; Fächerpalme agoti.
fallen, gẽ, je, mũ.
falsch sein, dà; fälschen da ... ji.
Familie, home.
fangen, le, ḍe.
Feder, efu, peni; Federhalter womaṅlõti.
Feile, pite; feilen li.
Feld, agble, anyigbã.
Fell, agbaze.
Fenster, flese.
fern sein, no azoge; Ferne azoge; Fernrohr, Fernglas čiči.
Ferse, afokõji, afokkpoji.
fertig sein, vo, wù nu.
fest sein, sẽṅu.
fett sein, tri, kla, do ami; Fett ami; fettig sein po amì.
Feuer, ezo; F. machen do zo; feuern (Gewehr) da tú; Feuersbrunst zojeahwe.
Fieber, kpokpo; F. bekommen je pkokpo.
finden, fo, kpo; Fund nufofo; Finder, nufoto.
Finger, alovi.
Fisch, tomelã; fischen le lã; Fischer lãleto.
flechten, po fefe, gbĩ; Haare fl. po ḍa.
Fledermaus, awave.
Fleisch, hũlã; Fleischer elãwuto.
Fliege, tobosu.
fliegen, zro.
fliehen, si; Flüchtling sisito.
Flügel, awada.
Fluß, tosasa.
fragen, bio ... se; Fragenyãbiose.
Freund, ehlõ; freundlich sein fa adome, ko adome.
Friede, vovo, fafa; Fr. stiften wo fafadá; friedlich, friedfertig, friedliebend (ame) fafa; Friedhof ameḍipe.
Frosch, abito, adĩ.
Frucht, ekú; fruchtbar sein wo nu, wo kú; unfruchtbar (von Frauen) kono.
Frühstück, ṅdekẽnyẽ be nuḍuḍu.
führen, kplo; Führer amekploto; Fuhrmann, Fuhrleute kekeḍoto.
füllen, ḍó.
für, ne, ḍo ... ṅti, ḍo ... ta.
fürchten (sich), võ; Furcht võvõ; furchtbar, fürchterlich nusisi; furchtsam võvõnoto; Furchtsamkeit võvõ; furchtlos mavõ.
füttern, nyì; Futter (elã be) nuḍuḍu.
Fuß, afo; Fußgänger afototo; Fußspur afoḍokpe; Fußtritt, einen F. geben tu afo.

Gabel, gafo.
ganz, blibo, kpata, keṅu.
Garten, jikpa; Gärtner jikpameḍowoto.
Gast, amejro.
Gatte, Gattin, esrõ.
gebären, ji vi.
geben, na; Geber nunato.
Gefäß, ego.
gegen, kpe, e kpoto viḍe, tu ta.
gehen, yi, zõ.
Geist, gbõgbõ; (= Gespenst) ṅuãli.
gelb, ṅtiḍiḍito.
genug sein, genügen su.
gerade sein, jo, jo trolo.
geschehen, jo.

Geschwür, nutẽtẽ, abi.
Gesicht, ṅkume; (= Sehen) nukpọkpọ.
gestern, esọ.
gesund sein, nọ sẽsẽḍe; g. werden je te.
gießen, kọ nu.
glatt sein, ziõ.
glauben, hose.
Gold, sika.
Gott, Mawu.
Gottesacker, ameḍipe.
Grab, yọdo.
Graben, do didi.
graben, kù do.
Gras, egbé, ekó.
Greis, amegã.
Grenze, lipo.
groß, gã; g. sein lolo.
Grube, edo.
grün sein, do ama.
gut, nyuẽ, nyuẽde; gut sein nyõ.

Haar, eḍa, efu; H. schneiden kpa ḍa.
haben, nọ asi.
Hacke, kojoe; hacken gã, ṅlõ.
hängen, sọ .. ku .. ṅti; do ka ve.
Häuptling, egá.
Hafen, (= Topf) eze; (= Seehafen) hũjepe; Hafner ezewọtọ.
Hahn, koklosu.
halb, Hälfte, efã; halbieren ma ḍo ve.
Hals, ekọ, evé.
halten, anhalten, tọ te, nọ te; (mit d. Hand) le . . . he; haltbar sein dõ; Halter alọlepe, asilepe.
Hand, alọ, asi.
Harn, aḍiḍọ; harnen ḍọ aḍiḍọ.
hart sein, sẽṅu; härten wọ .. sẽṅu; hartnäckig sein sẽ tame.
hassen, wọ atãṅu (nẹ ame), (čri); Haß atãṅu; häßlich sein, nyrã.
Haus, ehọ, ahwe; zu Hause le ahome; hausen nọ.
Haut, agbaze, ayu; abhäuten ko; sich häuten ḍe čro, ḍọli čro.
Herde (Tiere) eha.
heilen (mit „sein"), je te, (Wunde) ku abi; (mit „haben") hlẽ, (Wunde) črõ abi; Heilmittel atike.
heiraten, ḍe srõ, le alọ.
heiß sein, je zo.
helfen, do alọ; Helfer, Hilfe alọdo.
hell, kọkọe; h. sein kọ.
her = hierher, (va) fie.
Herd, adokpo.
Heer, eha, soljawo be ha.
Herz, ejì; herzlich ejime; herzhaft jidotọ; herzen sọ ḍo akọta.
Heu, ko pupu.
heute, égbè.
hier, fie.
Himmel, jiṅkusi.
hinten, ṅgbe dome.
hinter, godo, yome.
hoch sein, yi ji; Höhe jiyiyime; Anhöhe ekpó.
Höhle, Höhlung, edo, emọ; höhlen, aushöhlen kudọ.
hören, se.
hoffen, hose.
holen, sọ . . . va; Wasser h. yi ku si va.
Holz, ati, (Feuerholz) anake; holzig, hölzern atitọ̀.
Hüfte, ali.
hüten, ḍia, kplọ; Hüter ḍiatọ, kplọtọ.
Hütte, begoloe, (Strohhütte) ebehọ.
Huf, elã be afọkpa.
Huhn, koklo.
Hund, avũ.
hundert, kavetakpo.
husten, ku kpẽ; Husten kpẽ.
Hut, kúkú.

immer, tẹgbẹ, ṅklẽṅklẽ.
in, eme, le . . . me.
Insekt, nuẓozrovi.
ja, ẽ.
Jahr, epe.

jenseits, akpa ḍea.
jetzt, fifi.

Käfer, dogo, (im Mehl) kpokpo.
Kahn, bẹǹtrẹ.
kalt sein, fa, fa miõmiõmiõ.
Kamm, ayá; kämmen vũ ḍa.
Kartoffel, yovojete.
Kasten, kọbọ.
kauen, ḍu nu.
kaufen, ple, (Flüssigkeiten) je; Kaufmann, Kaufleute ajọtọ.
kennen, nyã, jesi; Kenntnis nunyãnyã; Kennzeichen jesido.
Kern, enẹ.
Kette, kọsọkọsọẹ; (Halskette) ewlọ.
Keule, enyikplọkpọ.
Kind, ḍevi.
Kinn, Unterkiefer, aglã.
Kissen, süḍe.
Klaue, (enyi be) afọkpa.
Kleid, avọ, awu; Kleidung awu; kleiden, ankleiden do awu, čõ avọ.
klein, evi; k. sein hwẹ; Kleinigkeit enu viḍe.
klopfen, po; Klöppel aḍe (egà).
klug sein, nyã nu.
Knabe, ṅusuvi.
Knie, eklo.
Knochen, epu.
kochen, ḍa (nu).
König, efiọ.
können, teṅu, nyã.
Körper, lãme.
kommen, va.
Kopf, etá; Kopfweh taḍui; köpfen so ta.
Korb, ajafi, agoglo, kevi.
Kot, eḍi, baba, emi.
krank sein, erkranken, le dọ; k. machen do dọ; Krankheit edọ; Krankenhaus dọnọhome, ačakpame.
kriechen, ta.
Krieg, ahwa; kriegen wọ ahwa; Krieger ahwavi.
Kröte, kpakplabito.

Krokodil, elo.
Kuchen, kpọnọvivi.
kühl sein, fa, fa miõmiõmiõ.
küssen, gbĩgbõ.
Kupfer, gajẽ.
kurz, kpokpoe; kürzlich kpoeḍeke.

lachen, ko nu; lächeln ko nu le aseme; lächern do nukokoe (nẹ ame); lächerlich nukokoenu; verlachen, auslachen ko; Gelächter nukokoe.
lahm, kpotẽ.
Land, anyigbã; (= Ufer) ago; Landmann, Landleute agbledatọ; Landsmann amedetọ.
landen, je ago; Waren l. ku agbã.
lang sein, didi; Länge didime.
langsam, blẹwublẹwu.
Lanze, ehũa, tunuhlo.
lassen, ta si, na gbe; (= befehlen) na; lässig kuviõ.
laufen, si du; Lauf edu; Lauf des Gewehres etú be ga.
Leben, agbe; leben, lebendig sein nọ agbe; lebe wohl! d'agbe nyuẽḍe! lebhaft sein ya.
Leber, agò.
lecken (Boot), ḍuḍu; Leck emọ; (Zunge) ḍiḍọ (ku aḍe); lecker enuvivi.
leer, gbalo.
legen, ḍó, mlõ anyi.
lehren, fiọ, kpla; Lehrer nufiọtọ; Lehrling eḍọkplavi.
Leib, elãme.
leicht sein (Gewicht), fo, (Arbeit) fa, bọbọ; leichtsinnig ame fluflu.
leise, zaza, kẹḍekẹḍẹ.
Licht, kọkọẹ.
lieben, lõ; Liebe lõlõ.
liegen, mlõ, nọ.
link, emiõ; links miõme.
Lippe, nubayu.
loben, kafu.
Loch, Löcher, edó, emo.
Löffel, gati.
löschen, či.

lügen, ḍa aje.
Lunge, jọfito.

machen, wọ, dó.
Mädchen, nyõnuvi.
Magen, adọgbo.
mager sein, nọ trẹlẹ, hwe; m. werden ḍi ku.
mahlen, tù.
Mais, eblí; Maiskorn bliku.
Mann, ṅusu; (= Gatte) srõ.
Markt, asi, asime.
Maß, jijenu.
Mast, Mastbaum, aplaṅgati.
Matte, abá, čačaba, kpàkplá.
Maus, dowliwevi; afĩvi.
Medizin, atike.
Meer, apu.
mehr, wú.
Mensch, agbetọ.
messen, jije.
Messer, kakla.
Metall, egà.
Milch, anọsi.
Mittag, dọṅkusu.
Mitte, dodome.
Mond, wetri.
Morgen, ṅdekẽnyẽ.
Moskito, emù.
müde sein, enu tikọ (nẹ ame).
Mund, enu.
Mutter, enọ, nana.

Nabel, ahõ.
Nacht, ezã.
Nacken, hũḍome.
nackt, amama.
Nagel, plẹṅgo; Fingern. fosu.
nahe, gogo, gbọ.
Name, nyikọ, ṅkọ.
Nase, ṅọti.
naß sein u. werden, nässen, po si.
Nebel, ahũ.
Neffe, ataviyọvi.
nehmen sọ.
nein, õ.
Nest, atọẹ.
Netz, eḍọ.

neu, yeye.
Nichte, ataviyọvi.
nieder, gõme, anyi.
niedrig, kẹtẹ.
Niere, ayiku.
niesen, nyì.

öffnen, hũ.
Öl, ami.
Ohr, etó.
Ort, tepe, kọpe.
Osten, anyigbe.

Papagei, ako; grüner P. čikičiki.
Perle, jonu.
Pfeffer, yebese.
Pfeil, aṅu, ehũavi.
Pflanze, nudodo.

Ratte, zãtọ, afĩgã.
Rauch, asizọ.
reden, po nu, gblõ, ka aseṅu.
Regen, eji.
reiben, li.
reif sein, ḍì.
rein sein, kọ, ḍì.
riechen, hõẹ.
Riegel, kọčikọči.
Rinde, kpačafo.
Ring, gavi.
Rippe, hadaputi.
rot, jẽ; r. sein bia.
Ruder, atamblo; aputamblẹ.
rudern, ku hũ, ku atamblo.
Rücken, ṅgbedome.
rufen, yọ.
ruhen, gbõ jẽ.
ruhig! bọ nu!
rund, kotoklo, gõdõglõ, (kugelig) goḍo.

Same, enuku, nudodo.
Sache, enú.
Sack, kotoku, dọkpo.
säen, wú nudodo.
Säge, saka.
sagen, to, ka aseṅu, gblõ.
Salz, eje.

sammeln, čã . . . bo̱, jo̱.
Sand, ekó̱.
satt sein, ḍo̱ po.
sauer sein, siã.
Schale, ečro.
schälen, klẽ.
Schädel, etá.
sich schämen, kpẽ ṅu.
scharf sein, ḍa.
Schatten, võvõli.
Schaufel, (so̱fi).
Schenkel, ata.
schicken, dõ; ḍo, ḍoḍa.
schießen, da tú.
Schiff, ehũ.
Schild, ego; agbohonu.
Schildkröte, eklò.
Schilf, yeti.
Schirm, ewehe, awuhe, katambie̱.
schlafen, dõ alõ.
schlagen, po.
Schlange, edã.
schlecht sein, baḍa, nyrã.
schleifen, dõ.
schmal sein, hwe.
Schmetterling, jekpakpa.
schmutzig sein, beschmutzen, po ḍi.
Schnecke, abo̱bo̱, akoto, agũgũmi.
schneiden, so, si.
schnell, kaba.
Schnur, eka.
schön, nyuẽ; sch. sein nyõ.
schon, vo̱.
schreien, do apa, fã.
Schüssel, klisivi.
Schulter, abo̱ta.
Schwanz, si asike.
schwarz, yi; schw. sein nyrõ.
schweigen, bo̱ nu.
Schwein, ehã.
schwellen, tẽ.
schwer sein, kpẽ.
Schwester, no̱vi-nyõnu; ältere Schw. dada; jüngere Schw. fofoyo̱vi, dadayo̱vi.
schwimmen, pu si.
schwitzen, je ade.
See, etò, (Meer) apu.
Seele, ekla.
Segel, abala.
sehen, kpo̱.
Sehne, eka (aṅu).
sehr, ṅto̱.
sein, (ich bin), nyi, no̱ (Präs. mu le, wò le ꝛc.).
sein (Pr. poss.) yebe.
Seite, akpa.
senden, dõ, ḍo, ḍoḍa.
Silber, klosalo.
singen, ji ha.
sinken, zio̱.
sitzen, no̱.
Skorpion, akekle, agazago.
so, leke.
Sohn, viṅusu.
Sonne, ewe; do̱ṅkusu.
spät, ṅgbe.
Speer, ehũa.
sich verspäten, či ṅgbe.
speisen, ḍu nu.
Spiegel, pipie̱.
spielen, gble.
Spinne, eyẽ.
Sprache, egbè.
sprechen, po nu, gblõ nyã, (be).
springen, ti kpo.
stampfen, (Yams) nyã; (mit Fuß) tu afo̱ anyi.
stark sein, sẽṅu.
Staub, hũhũ.
stechen, to̱, (Biene) te.
stehen, to̱ te.
stehlen, fi.
steigen, liá; absteigen ḍi.
Stein, ekpe.
stellen, so̱ . . . ḍo.
sterben, kũ.
Stern, wetrivi.
still sein, bo̱ nu, ku to, no̱ anyi kpo.
Stimme, egbè.
Stirn, ṅgonu.
Stock, ati, ekpo, atikplo̱.
stolz sein, jra.
stoßen, to̱, tù.
strafen, dõ tó (ne̱ ame).
Straße, emo̱gã.

Strauch, ahliyẹ.
Strick, eka.
Strom, etọsasa.
Stück, ekõ.
stumpf sein, kpo.
suchen, ji.
Süden, apugo.
Sumpf, ajime.
süß sein, vivi ṅanaṅana.

Tabak, ataba.
tadeln, je go (ḍo ame kọ).
Tag, ṅkeke.
täuschen, wọ alakpanu.
Tante, tasi, navi, nagã.
tanzen, ḍu we.
tapfer, jitotọ, kãli.
Tasche, kotoku.
Tau, ahũ.
Tau, atãṅugbeka.
taub, tokunọ.
Taube, ahõnẹ.
Teller, agbã (plẹti).
teilen, ma.
Tier, elã.
tief sein, wọ gũ, je do.
Tochter, vinyõnu.
tot sein, kú; töten wù.
Topf, eze.
Träne, aḍasi.
träumen, ku drõ.
tragen, (Kopf) dro, (Hand) hẽ.
trauern, wọ ṅsisi, ha nu, wọ kọbẹ.
treffen, po, lọ; begegnen do go.
Treppe, atrakpe.
trinken, nù.
trocken sein, pu.
Trommel, ehũ.
tun, wọ, dó.

übermorgen, nyisọ.
Ufer, tọto, tọnu, aputa, apusome.
unterrichten, fiọ, kpla.

Vater, etọ.
verbergen, wla.
verderben, gble, gu.
vergeblich, gbalo.
vergessen, ṅlõbe.
verkaufen, sa.
verlassen, ta si.
verletzen, do abi (ame ṅto).
verlieren, bú.
Verstand, Verständnis, tame, nunyãnyã.
verstehen, etw., mọ nu je nume.
versuchen, te kpọ.
vertreiben, nyã.
verwüsten, gble, gbã.
verzeihen, sọ nu võẹ ke ame, ke agọ.
viel, sugbọ, fũ.
vielleicht, tamunyõwɖa.
Vogel, hevi.
Volk, edukõ.
voll sein, ḍọ; v. machen ḍọ, dó.
vorwärts, ṅkọ.

wachsen, sĩ, miõ.
Wade, sobo.
Waffe, danu.
wahr, wahrlich, wahrhaftig, nyãwo.
Wald, avé.
Wand, gliṅti, egli.
Wange, alọgo.
warm sein, je zo.
warten, tọ te, nọ te.
waschen, klọ, nyã, le si.
Wasser, esi.
weben, lõ avọ.
Weg, emọ.
Weib, nyõnu, asi.
weich sein, bọbọ.
sich weigern, gbe.
weinen, fã vi.
weise sein, nyã nu.
weiß, ghe.
weit sein, didi, keke.
Welle, esikọkọ.
Welt, hiheme.
wenden, trõ.
wenig, viḍe.
werfen, da.
Westen, jigbe.
wetzen, gã, nyrõ.
wild, w. Tier, gbemelã.

Wind, ayã.
wissen, nyã.
Witwe, asukusi.
wohnen, no̱ dõ.
Wolke, lili.
wollen, ji, jro.
Wort, enyã.
wünschen, jro.
Wunde, abi.
Wurm, avlo̱kui.
Wurzel, ekè.

zählen, hlẽ.
Zahn, aḍu; zahnen to aḍu.
Zaun, ekpa.
Zehe, afo̱vi.
zeigen, fio̱.
Zeit, azã, game, wenu, ṅuãli;
Z. haben kpo̱ vovo.
zerbrechen, gbã.
zerreißen, zẽ, drẽ, vũvũ.
zerstören, gbã.
ziehen, dõ.
Zimmer, ho̱me.
Zuckerrohr, foṅfoṅ.
zürnen, do ado̱meze (ḍo . . . ṅti).
zufrieden sein, je afo̱nyuẽ.
zuletzt, mlẽgõ.
Zunge, aḍe.
Zweig, alo̱zẽ, alo̱zẽvi.
Zwiebel, sabole̱.

III.

Grammatische Elemente der Haussa-Sprache.[1])

A. Zur Lautlehre und Schreibung.

1. Die Vokale sind a, e, i, o, u. Sie können lang und kurz sein. In betonter Silbe sind sie gewöhnlich lang, es sei denn, daß ein Doppelkonsonant oder eine Konsonantengruppe folgt[2]), sonst meist kurz.

2. Sie lauten: a) lang, wie in Vater, Seele, mir, Mode, Schule, z. B. bā (geben), dōre (Nacht), gīwa (Elefant), lōtu (Wetter), wūri (Ort). — b) kurz, wie in matt, hell, mit, voll, kurz, z. B. taffo (kommen), enna (wo), issa (genügen), wolkya (Blitz), yuṅwa (Hunger).

3. i ist mitunter sehr kurz wie in kárĭfe (das dialektisch auch karfe lautet).

4. Zwielauter sind z. B. au, ai, ei, oi, ui, ie, ua u. s. w. Sie werden getrennt gesprochen, doch so, daß der erste Vokal schnell in den zweiten übergeht.

5. Die Konsonanten sind:

	Verschluß-laute	Reibe-laute	Zitter- und L-Laute	Resonanz-laute
Zahnlaute	t, d	s, z	r, l	n
Lippenlaute	p, b	w	—	m
Lippenzahnlaute	—	f, v	—	—
Kehllaute	k, g	h	—	ṅ
Gaumenlaute	—	š, ž, y	—	ny
Zungenlaute	—	tš, dž	—	—

---

[1]) Gedruckte Quellen: Grammar of the Hausa Language, von R. J. F. Schön, London 1862. — Hausa Reading Book, von dems., London 1877. — Vocabulary of the Hausa Language, von dems., London 1843. — Maganan Hausa: Native literature, von dems., London 1885. — Hausa Grammar, von C. H. Robinson, London 1897. — Hausa dictionary, von dems., London 1899 (Teil I). — Specimens of Hausa Literature, von dems., London 1896. — Dictionnaire français-haoussa et haoussa-français, von J.-M. Le Roux, Alger 1886.

[2]) Doch auch sonst kommen in der Tonsilbe kurze Vokale vor. Wir werden daher die Quantität event. durch das Längezeichen andeuten (ā).

6. Hiervon werden wie im Deutschen gesprochen: t, d, l, n, p, b, m, f, k, g, h.

7. Abweichend lauten: r (stets mit der Zunge zu rollen), w (wie im Englischen mit beiden Lippen), v (wie das deutsche w), ṅ (wie ng im deutschen enger), š (wie das deutsche sch), ž (wie das französische j in journal), y (wie das deutsche j), ny (wie das deutsche nj), tš (wie das deutsche tsch), dš (wie das englische j in just, oder wie ein deutsches d mit folgendem französischen j).

8. Doppelkonsonanten finden sich nach dem Vokal der Tonsilbe, um dessen Kürze anzuzeigen. Doch ist dies Prinzip in der derzeitigen Orthographie der Sprache nicht durchgeführt.

Konsonantengruppen sind häufig. So findet sich besonders n vor Zahn- und Lippenlauten: nt, nd, ns, ntš; ṅ vor Kehllauten: ṅk, ṅg, ṅh; m vor Zahn- und Kehllauten: mt, ms, mr, mn, mk; r vor Zahnlauten: rt, rd; y nach r, m, š, ž, tš: ry, my, šy, žy, tšy.

Andere häufigere Gruppen sind: ts, sk, kw; seltener gb, lš, pk, lk, sd.

Dreiteilige Gruppen sind z. B. nsw und ršy.

9. Der Wortton fällt meist auf die vorletzte Silbe, doch sind Abweichungen häufig z. B. fadá (sagen), šyékāra (Jahr). Wir bezeichnen solche Abweichungen im folgenden mit dem Akut (á).

Beim Antritt von Suffixen pflegt der Accent auf die Silbe vor dem Suffix zu fallen, z. B. mātánsa (seine Frauen, von māta).

10. Die Haussa schreiben ihre Sprache mit arabischen Buchstaben. Hier verwenden wir nur die Umschrift.[1])

B. Elemente der Formenlehre.

1. Das Hauptwort.

11. Hauptwörter sind entweder männlichen oder weiblichen Geschlechts.

Weiblich sind die Wörter auf a, alle andern (auf e, i, o, u) sind männlich.

Ausgenommen von dieser Regel sind die Bezeichnungen lebender Wesen, wo das natürliche Geschlecht entscheidet.

12. Das Geschlecht lebender Wesen wird entweder durch besondere Wörter oder durch verschiedene Endungen oder endlich durch unterscheidende Beisätze bezeichnet.

Beispiele der ersten Art sind ōbá (Vater), uwá (Mutter).

---

[1]) Zur Erlernung der arabischen Schrift verweise ich auf Socins Kleine arabische Grammatik und auf Ch. H. Robinsons Specimens of Hausa Literature (London 1896).

Die Endungen a, ya (ia), nya (ānya, ūnya, īnya) bilden Bezeichnungen für weibliche Wesen, z. B. sānya (Kuh) von sā (Stier), yarīnya (Mädchen) von yāro (Knabe).

Schließlich werden nāmíši (od. míši) und mátše mit folgendem Genitiv zur Unterscheidung des Geschlechts gebraucht: nāmíši-n-gádo (Männchen des Schweins = Eber), matše-n-gādo (Sau).

13. Das Hauptwort kann an sich bestimmt oder unbestimmt sein, z. B. mutum, der Mensch und ein Mensch. Ein Artikel existiert nicht. Soll die Unbestimmtheit hervorgehoben werden, so gebraucht man wonni (ein gewisser), wota (eine gewisse), woddánsu (gewisse), oder daia (einer).

14. Die Mehrzahl eines Hauptwortes wird meist durch Endungen gebildet, die an Stelle des schließenden Vokals treten. Solche Endungen sind: a, ai, āki, āne, āre, āše, āye; e; i; u, ua, una. Welche Endung im einzelnen Falle zu wählen ist, hängt im allgemeinen vom Gebrauch ab. Die Pluralform muß daher jeweils neben der Singularform dem Gedächtnis eingeprägt werden, z B.

yar-a von yār-o, Knabe.
abok-ai von abōk-i, Freund.
kwan-aki von kwān-a, Tag.
ob-ane von ōb-á, Vater.
wur-are von wūr-i, Ort.
kud-aše von kūd-a, Fliege.
giw-aye von gīw-a, Elefant.
far-e von far-a, Heuschrecke.
bak-i von bāk-ó, Fremder.
alžif-u von alžīf-a, Tasche.
hanu-a von hānu, Hand.
dak-una von dāk-i, Haus.

15. Wörter auf a bilden ihren Plural zum Teil durch eine Art von Reduplikation der letzten Silbe u. z. so, daß der letzte Stammkonsonant, mit einem ō davor und einem i dahinter, wiederholt wird, z. B.

yas-ō-s-i von yās-a, Finger.
sarik-ō-k-i von sarik-a, Kette.

Ebenso bilden z. B. die folgenden Wörter ihre Mehrzahl:

albassa, Zwiebel.
bindiga Flinte.
danga, Garten.
fuska, Gesicht.
guga, Eimer.
hainya, Weg.
hiska, Wind.
īāka, Grenze.
kaba, Palme.
kāka, Großvater.
kifi, Fisch.
kōfa, Tür(=öffnung).
kugi, Haken, Angel.
marāya, Waise.
murda, Schnupftabaksdose.
murya, Stimme.
tasunía, Erzählung.
tūfa, Kleidung.
zāki, Löwe.

Also albassōsi[1]) bindigōgi, dangōgi, fuskōki, gugōgi, hainyōyi, hiskōki, iakōki, kabōbi, kakōki, kifōfi, kofōfi, kugōgi,

[1]) Nicht albassōši (wie Schön schreibt).

marayōyi, murdōdi, muryōyi, tasunyōyi, tufōfi, zakōki. Leichte Unregelmäßigkeiten zeigen igōyi[1]) (statt igyoyi, von igia, Strick), karikōki (statt karikyōyi, von karikya, Mädchen), kafafu (statt kafōfi, von kafa, Fuß). Auch manche Wörter auf e bilden ähnliche Formen, z. B. wakeke (neben wakuna) von wake (Bohne), haskōki von haske, Licht.

16. Bei aller Willkürlichkeit in der Pluralbildung lassen sich doch einige Regeln aufstellen, welche die Einprägung der richtigen Pluralform erleichtern. Abgesehen von der bereits in § 15 besprochenen auf eine kleine Anzahl von Wörtern beschränkten Pluralform kann man sagen:

a) Wörter auf u haben im Plural entweder e, ua oder una.
b) Wörter auf e haben aye, (seltener) una, ai oder ua.
c) Wörter auf o haben a, i, aye oder una.
d) Wörter auf i haben a, ai, aye, are, e (oder una).
e) Wörter auf a haben den Plural auf are nicht, sonst kommen sämtliche Formen vor.

17. Manche Wörter haben zwei (oder mehrere) verschiedene Pluralformen, z. B.

tasūnía (Erzählung) bildet tasunai und tasunyōyi.
bākó (Fremder) bildet baki und bakūna.

18. Die mit dem Präfix mai gebildeten Hauptwörter bilden die Mehrzahl durch Verwandlung desselben in masu, z. B.

maigona (Landmann): masugona.

19. Anscheinende Unregelmäßigkeiten bei der Pluralbildung ergeben sich oft dadurch, daß nicht nur der Endvokal, sondern die gesamte Ableitungsendung eines Hauptwortes vor dem Pluralsuffix abfällt, z. B tasun-ai von tasūn-ía (Erzählung).

20. **Unregelmäßig** und daher besonders einzuprägen sind folgende Wörter:

búdūrua, Jungfrau,	Plural:	budurai.
tasūnía, Erzählung,	„	tasūnai.[2])
túkūnya, Topf,	„	túkuāne.
akwia, Ziege (weibl.),	„	āwáki.
suna, Name,	„	sunanaki.
kaya, Ding,	„	kayayeki.[3])
zuma, Lumpen,	„	zumoki.
kaza (kasa), Henne,	„	kāži.
māgána, Wort,	„	māgánganú.
itše (itatše), Baum, Holz,	„	itatua.
matše, Weib, Frau,	„	māta.
karre, Hund,	„	karnuka.

[1]) Neben igoi. — [2]) Neben tasunyōyi, vergl. § 15. — [3]) = Geräte.

mărarí, Waise,	Plural:	mărarê.
rawani, Turban,	"	rawūna.
sarki, König,	"	sarāki, sarakai od. sarakūna.
zanni, Tuch.	"	zannua.
sarmāyi,[1]) junger Mann,	"	samāri.
garí, Stadt, Land,	"	garúrua.
hakki, Gras,	"	hakkúkua.
akoši, Schüssel,	"	akusa.
míši (nāmíši), Mann,	"	māsa.
gáši, Haar, Feder,	"	gasusuka.
dōki, Pferd,	"	dawāki.
kwado, Frosch,	"	kwadia (neben kwaduna).
gadó, Bett,	"	gadaše.
rāgo, Müßiggänger,	"	raguāye.
īdo, Auge,	"	īdānu.
kafo, Horn,	"	kafōni.
taro, Haufen, Menge,	"	tarōri.
kasko, Becher, Krug,	"	kasku.
mutum, Mensch,	"	mutane.
dūsi, Stein,	"	duāsa.
wāta, Monat,	"	watāni.
kasí, Knochen,	"	kasúsua.
fara, Blume,	"	farfaru.
wūka, Messer,	"	wukāke.
barāo, Dieb,	"	baraúnya.

u. v. a.

21. Einige Hauptwörter bleiben in der Mehrzahl unverändert, z. B. giragiši, Wolke.

22. Kasusendungen hat das Hauptwort nicht. Der Objektskasus (Akkusativ) unterscheidet sich vom Subjekts- und Prädikatskasus (Nominativ) durch seine Stellung hinter dem Zeitwort, z. B.

mutum (Subjekt) ya-tši (Zeitwort) nāma (Objekt) = der Mensch ißt Fleisch.

ši (Subjekt) dāna (Prädikat) ne (Verb) = er ist mein Sohn.

23. Unsere Genitivverbindung wird durch die Partikel n gegeben, z. B. suna-n-yāro, der Name des Knaben (gesprochen sunanyāro).

Anm. Statt n findet sich auch (seltener) na nach männlichen, ta nach weiblichen Hauptwörtern.

24. Das indirekte Objekt (Dativ) wird mit den Präpositionen ga, ma, da, gare und daga, z. B. ya bayes rua ga dokinsa, er gab seinem Pferde Wasser (rua).

[1]) Auch samrai.

Aus diesem Beispiele erhellt zugleich, daß das direkte vor dem indirekten Objekt steht.

Es ist indessen hier zu merken, daß manche Zeitwörter mit zwei direkten Objekten verbunden werden können, wie z. B. bā (geben).

II. Die Fürwörter.

25. Das persönliche Fürwort hat zwei Formen. Die erstere, das selbständige Substantivpronomen, lautet:

ni, ich.	mū, wir.
kai, du (Mann). kē, kī, du (Weib).	kū, ihr.
ši, er. īta, sie.	sū, sie.

Man bemerke, daß in der zweiten und dritten Person der Einzahl ein Unterschied des Geschlechts gemacht wird.

26. Das Konjugationspronomen, die zweite Form des persönlichen Fürworts, lautet:

nā (od. ina), ich.	mū, wir.
kā, du (m.). kī, du (w.).	kū, ihr.
ya, ši, er. tā, sie.	sū, sie.

Über seine Verwendung vergl. den Abschnitt über das Zeitwort.

27. Die Objektsformen des persönlichen Fürwortes (Akkus. bez. Dativ) lauten:

ni, mir, mich.	mu, uns.
ka, dir, dich (m.). ki, dir, dich (w.).	ku, euch.
ši, sa, ihm, ihn. ta, ihr, sie.	su, ihnen, sie.

Diese Formen werden dem Zeitwort angehängt, ebenso auch den Präpositionen.

28. Den Präpositionen mā und garē angehängt, ergeben die Objektssuffixe (§ 27) eine unsern Dativen entsprechende Form: māni, garēni, mir; māka, garēka, dir (m.); māki, garēki, dir (w.); māsa, garēsa (garēši), ihm; māta, garēta, ihr; māmu, garēmu, uns; māku, garēku, euch; māsu, garēsu, ihnen.

Für garēsa und garēta sagt man auch garāsa und garāta.

29. Die besitzanzeigenden Fürwörter sind in Verbindung mit männlichen Hauptwörtern:

nāwa, mein (m.).	nāmu, unser.
nāka, dein (m.). nāki, dein (w.).	nāku, euer.
nāsa, sein. nāta, ihr.	nāsu, ihr.

In Verbindung mit weiblichen Hauptwörtern wird die Silbe nā- durch tā- ersetzt, also tāwa, tāka u. s. w.

Wie man sieht, ist also hierbei sowohl das Geschlecht des Besitzers wie das der besessenen Sache zu beachten.

Diese Formen stehen hinter dem Hauptwort, sie können adjektivisch und substantivisch gebraucht werden: dia tāwa, meine Tochter; dā nāki, dein Sohn (du Weib).

30. Häufiger ist eine zweite Form der besitzanzeigenden Fürwörter, die dem Hauptwort angehängt wird. Sie lautet:

-na, mein.[1])	-nmu, -mu,	unser.
-nta, -ta, mein.[2])		
-nka, -ka, dein.[3])	-nku -ku	euer.
-nki, -ki, dein.[4])		
-nsa, -sa, sein.	-nsu -su	ihr.
-nta, -ta, ihr.		

Z. B.:

dāna, mein Sohn.[5])	dānmu dāmu	unser Sohn.
dānka, dāka, dein Sohn (du Mann).	dānku dāku	euer Sohn.
dānki, daki, dein Sohn (du Weib).		
dānsa, dāsa, sein Sohn.	dānsu dāsu	ihr Sohn.
dānta, dāta, ihr Sohn.		

Dieselben Formen treten auch an ein Hauptwort in der Mehrzahl.

Durch die Anhängung dieser Suffixe wird der Accent mehrsilbiger Wörter oft verschoben (vergl. § 9).

31. Das Identitäts- (zugleich rückbezügliche) Fürwort wird durch Umschreibung mit kai (Kopf) und den possessiven Suffixen (§ 30) gebildet, wobei das schließende i von kai meist ausfällt:

kaina, ich selbst.	kāimu, wir selbst.
kānka, du selbst.	kānku, ihr selbst.
kānki, du selbst.	
kānsa, er selbst.	kānsu, sie selbst.
kānta, sie selbst.	

Statt dessen sagt man auch voller ni da kaina (ich mit meinem Kopfe =) ich selbst; sárki dā kansa, der König selbst.

Merke endlich na gbōye kaina, ich verberge mich.

32. Die hinweisenden Fürwörter, meist hinter[6]) dem Hauptwort stehend, lauten **nga** (dieser, jener), **wonnan** (dieser) und **nan** (jener); nga bedeutet sowohl „dieser" wie „jener".

---

[1]) Wenn das Substantiv männlich ist. — [2]) Wenn das Substantiv weiblich ist. — [3]) Wenn der Besitzer ein Mann ist. — [4]) Wenn es ein Weib ist. — [5]) Aber diānta, meine Tochter. — [6]) Nur wenn der Nachdruck darauf liegt, können sie auch voranstehen.

Diese sind **unveränderlich**. Nur wonnan kann auch substantivisch gebraucht werden.

Daneben besteht eine zweite Form, die aber nur mit Bezug auf Lebewesen gebraucht werden kann und nach Geschlecht und Zahl **veränderlich** ist:

yāro **wóñga**, dieser (jener) Knabe: yāra **wodáñga**, diese (jene) Knaben.

yarīnya **wógga**, dies (jenes) Mädchen: yamata **wodáñga**, diese (jene) Mädchen.

„Das, was", „dasjenige, welches" giebt man durch ābin dā oder wonda (= die Sache, welche), z. B. abin da nafadá māka gaskia ne, das, was ich dir sage, ist Wahrheit. — Derjenige, welcher = wonda.

33. **Das bezügliche Fürwort** ist **da** (oder nda), **unveränderlich** für beide Geschlechter und Zahlen, z. B. kabāni nāma, da kākasáye, gieb-mir das Fleisch, welches du-gekauft-hast.

Daneben besteht eine zweite, **veränderliche** Form:

wonné, wonda, welcher (m.)
wodda, welche (w.) } woddánda[1]), welche (Mehrz.).

34. **Fragefürwörter** sind wā, wer? für beide Geschlechter, im Plural sua, welche Leute? wānéne, wer? (für beide Zahlen und Geschlechter).

Veränderlich ist wāne wer? (m.), welcher Mann? wātše, wer? (weiblich), welche Frau? Sie werden wie Hauptwörter behandelt, z. B. tumaki-n-wā, wessen Schafe?

mī, míne, mīnéne, was? wonné, welcher? (m.), was für ein?

35. **Unbestimmte Fürwörter**: wonni, irgendein, ein gewisser, weibl. wota, irgendeine, Plur. wosu, woddansu, irgendwelche, z. B. wota matše, eine gewisse Frau, irgendeine Frau.[2]) — kōwa (unveränderlich), kōwāne (m.) und kowatše (w.), jeder (nur von Personen). — kówonne (m.) und kōwotše, jeder (von Personen und Sachen). — kōmi, a) etwas, b) alles, was. — kōminé, alles, was; was immer.

III. Das Zeitwort.

36. Das Zeitwort bildet ein **Aktiv** und ein **Passiv**.

37. Es bestehen folgende **Tempora**: **Aorist**, **Präsens**, **Imperfekt**, **Perfekt**, **Futur**.

38. An **Aussageweisen** (Modi) werden neben dem **Indikativ** unterschieden: **Infinitiv**, **Imperativ**, **Optativ**.

39. Die **Personen** werden nicht durch Endungen, sondern durch die **Konjugationsfürwörter** (§ 26) bezeichnet. Diese Konjugationsfürwörter können nie fortgelassen werden, auch wenn das Subjekt

[1]) Oder woddanan. — [2]) Vergl. § 13.

anderweit (durch ein Hauptwort oder Fürwort) ausgedrückt ist, z. B. mutum ya-tši nāma, der Mann er-ißt Fleisch.

40. Die Grundform ist der Infinitiv, der meist mit dem Stamme identisch ist, z. B. bā (geben), kwana (schlafen). Er kann auch substantivisch[1]) gebraucht werden, also na taffi kwana, ich gehe schlafen; aber: koyo-n-magana Enliz da wuya, das Erlernen der englischen Sprache ist schwer ist.

Anm. „Um zu" (= zu) vor dem Infinitiv wird durch ga oder en ausgedrückt.

a) Die aktiven Formen.

41. Der Imperativ wird aus der Stammform (dem Infinitiv) und den Konjugationsfürwörtern der zweiten Person gebildet: ka-taffi, geh! (m.), ki-taffi, geh! (w.), ku-taffi, geht! Die Fürwörter können hier fortbleiben, wenn der Zusammenhang klar ist.

42. Der Aorist wird aus der Stammform und den Konjugationsfürwörtern gebildet:

na-taffi, ich gehe od. ging.	mu-taffi, wir gehen od. gingen.
ka-taffi, du (m.) gehst od. gingst. ki-taffi, du (w.) gehst od. gingst.	ku-taffi, ihr geht oder gingt.
ya-taffi[2]), er geht oder ging. ta-taffi, sie geht oder ging.	su-taffi, sie gehen oder gingen.

Der Aorist bezeichnet die Handlung ohne Rücksicht auf die Zeit. Er ist die Verbalform für den Ausdruck allgemeiner Beobachtungen oder historischer Vorgänge und entspricht daher meist unserm Präsens oder dem Imperfekt (in Erzählungen).

Adjektivverben (vergl. unten) im Aorist haben die Bedeutung eines Präsens, z. B. ya-tšikka, es ist voll geworden = es ist voll.

43. Der Aorist wird auch in Bedingungssätzen als Konditionalmodus gebraucht, z. B.: kadan (oder en) nataffi garēsa, ši-fada mani labari, wenn ich zu ihm ginge, würde er mir Neuigkeiten erzählen.

44. Der Aorist steht auch nach Verben des Wollens, Befehlens, Bittens und in Absichtsätzen, nach den erstern ohne verbindende Konjunktion, z. B. ta-taffi ta-ša, sie geht, (damit) sie trinke, sie geht trinken; ta-sō ta-ša, sie will trinken; kada su-mutu, damit sie nicht sterben.

Anm. In diesem Falle hat die erste Person Sing. stets en statt na: en taffi.

45. Schließlich steht der Aorist in Aufforderungen und Abmahnungen, z. B. mu-taffi, laßt uns gehen; ta-taffi, sie soll gehen! kada ta-taffi, sie soll nicht gehen!

---

[1]) Als Substantiv nimmt er daher die possessiven Suffixe (§ 30) statt der objektiven (§ 27). — [2]) Oder ši-taffi.

46. Das **Präsens** hat den Tempuscharakter **na**, der zwischen Konjugationsfürwörter und Stamm tritt. Statt nana sagt man in der ersten Person ína:

ina-bā, ich gebe.	muna-bā, wir geben.
kana-bā, du gibst. kina-bā, du (w.) gibst.	kuna-bā, ihr gebt.
šina-bā, er gibt. tana-bā, sie gibt.	suna-bā, sie geben.

Eine beschränkte Anzahl von Verben nehmen dabei gleichzeitig die Endung -ia, -wa, -ua, oder -e an. Hierher gehören: taffi (táffia), gehen; širi (šíria), vorbereiten; dara (daria), lachen; taffo (táffowa), kommen; fitta (fíttawa), ausgehen; fitto (fíttowa), herauskommen; tše (tšéwa), sagen; mutu (mútua), sterben; samna (samne), sich setzen, wohnen; bie (od. biye), folgen.

Alle Verben, die auf s endigen, nehmen die Endung -ua, z. B. bayés (bayésua), geben; sayés (sayésua), verkaufen; fitás (fitásua), hinausbringen; zubás (zubásua), ausgießen.

47. Das Präsens bezeichnet eine im Moment des Sprechens noch fortdauernde Handlung; ina-taffia bedeutet daher „ich gehe eben, während ich dies ausspreche, und gehe auch immer noch weiter, engl. I am going, ich befinde mich im Zustande des Gehens.

Es bezeichnet daher allgemein eine zuständliche Nebenhandlung, welche vor sich geht, während irgendein Hauptereignis (im Aorist) eintritt. Im Deutschen ist es in diesem Falle durch das Partizip auf -end, einen Relativsatz oder einen Nebensatz mit „indem" wiederzugeben, z. B. na-gani mutane, suna táffia, suna-yin wakansu, suna-daria, ich sah (Haupthandlung) Leute marschierend, ihre Lieder singend und lachend (oder: welche marschierten usw.).

Wie im Deutschen, kann das Präsens auch zum Ausdruck einer unmittelbar bevorstehenden Zukunft verwendet werden.

Es ist besonders zu bemerken, daß das Objekt eines im Präsens stehenden Zeitworts stets im Genitiv[1]) steht, z. B. suna-yi-n wakansu (w. sie machen ihre Lieder).

48. Eine zweite und ganz ebenso gebrauchte Form des Präsens wird mit dem Aorist des Hilfszeitwortes **ke** (sein) und folgendem Infinitiv gebildet:

nike-bā, ich gebe.	muke-bā, wir geben.
kake-bā, du gibst. kike-bā, du (w.) gibst.	kuke-bā, ihr gebt.
šike-bā, er gibt. take-bā, sie gibt.	suke-bā, sie geben.

Auch hier treten die erwähnten Veränderungen des Stammes ein, und muß das Objekt im Genitiv stehen, z. B. nike-yi-n workgi, ich bin (beim) Machen des Spiels = ich spiele (gerade).

[1]) Dies kommt daher, daß z. B. suna-yi wörtlich bedeutet „sie (sind) mit dem Machen. Das Verbum steht also eigentlich im Infinitiv, der substantiviert natürlich mit dem Genitiv verbunden werden muß.

49. Das **Imperfekt** hat den Tempuscharakter n, der aber im Singular (bis auf die II. P. w.) ausfällt, daher derselbe mit den entsprechenden Aoristformen gleichlautend ist:

na-gani, ich sah.	mun-gani, wir sahen.
ka-gani, du sahst. kin-gani, du (w.) sahst.	} kun-gani, ihr saht.
ya-gani, er sah. ta-gani, sie sah.	} sun-gani, sie sahen.

Das Imperfekt steht in temporalen Nebensätzen; es bezeichnet eine Handlung, die mit Bezug auf die des Hauptsatzes **vollendet** ist und entspricht daher bald unserm Plusquamperfekt, bald unserm Präsens (statt des II. Fut.), bald dem Imperfekt oder Perfekt, z. B. da munzakka ga gidda-n-ubamu, mun-gani mutane-n-gari duka, als (da) wir zum Hause unseres Vaters gekommen waren, sahen wir alle Leute der Stadt.

Auch in Hauptsätzen findet sich das Imperfekt, meist im Sinne des deutschen Perfekts, doch auch wie das historische Imperfekt.

50. Das **Perfekt** hat den Tempuscharakter **ka** (in der ersten Person Sing. na):

nina-bā, ich habe gegeben.	muka-bā, wir haben gegeben.
kaka-bā, du hast gegeben. kika-bā, du (w.) hast gegeben.	} kuka-bā, ihr habt gegeben.
šika-bā, er hat gegeben. taka-bā, sie hat gegeben.	} suka-bā, sie haben gegeben.

Die Bedeutung entspricht der des deutschen Perfekts.

51. Eine zweite Form des **Perfekts** hat den Tempuscharakter **ṅka** (in der ersten Pers. Sing. ka): nikabā, kaṅkabā, kiṅkabā usw. Mitunter ist sie gleichbedeutend mit dem I. Perfektum, meist jedoch steht sie in Nebensätzen (mit oder ohne Konjunktion) im Sinne eines **Plusquamperfekts**.

52. Das **Futur** wird mit dem Hilfsverb zā (gehen) gebildet, dem die Konjugationsfürwörter angehängt werden:

zāni-bā, ich werde geben.	zāmu-bā wir werden geben.
zāka-bā, du wirst geben. zāki-bā, du (w.) wirst geben.	} zāku-bā, ihr werdet geben.
zāši-bā, er wird geben. zāta-bā, sie wird geben.	} zāsu-bā, sie werden geben.

Das Verbum nimmt dabei dieselbe Form an, wie im Präsens (mit nā), also zāni-taffia, ich werde gehen.

Das Futurum drückt eine unmittelbar bevorstehende Handlung aus = ich bin im Begriff zu.

53. Schließlich ist noch eine Form zu erwähnen, die mit dem Hilfszeitwort kan gebildet wird und eine **Wiederholung** oder **Gewohnheit** (in der Vergangenheit) bezeichnet: nikan-taffi, ich pflegte zu gehen; kakan-taffi, du pflegtest zu gehen usw.

54. Eigentliche Partizipien sind nicht vorhanden. Die deutschen prädikativen Partizipien auf -end müssen durch das Präsens (§ 47), attributive Partizipien durch Relativsätze wiedergegeben werden.

Mit dem Präfix a- und der Endung e wird aus dem Infinitiv intransitiver Verben eine Form gebildet, die adjektivischen Charakter hat, z. B. asamne, sitzend; amatše (unregelm.), tot usw.

Ebenso wird eine Form gebraucht, die mit dem Präfix mai- (Plur. masu-) gebildet wird (vergl. § 18).

b) Die passiven Formen.

55. Das Passiv wird selten gebraucht und statt dessen meist aktive Umschreibungen mit der 3. Pers. Plur. verwendet.

Im Passiv, das dieselben Formen wie das Aktiv bildet, werden dem Zeitwort die Objektsfürwörter (§ 27) angehängt. Vor den Stamm treten die Tempuscharaktere in Verbindung mit a.[1]) Hiernach lautet z. B. der Aorist im Passiv (von dārīme, binden):

adārīméni, ich wurde gebunden.	adārīmému, wir wurden geb.
adārīméka, du wurdest gebunden. adārīméki, du (w.) wurdest geb.	adārīméku, ihr wurdet gebunden.
adārīméši, er wurde gebunden. adārīméta, sie wurde gebunden.	adārīmésu, sie wurden geb.

Die übrigen Formen lauten:

Präsens I:	ana-dārīmé-ni, ich werde gebunden.
Präsens II:	ake-dārīmé-ni, ich werde gebunden.
Imperfekt:	an-dārīmé-ni, ich wurde gebunden.
Perfekt I:	aka-dārīmé-ni, ich bin gebunden worden.
Perfekt II:	anka-dārīmé-ni, ich war gebunden worden.
Futur:	zā-a-dārīmé-ni, ich werde gebunden werden.

Im Imperfekt wird an- vor b und p zu am, vor k und h zu ṅ.

Das Passiv ist immer persönlich, aka-bā-ni (von bā, geben), es ist mir gegeben worden.

56. Das Passiv bildet auch zwei Partizipien, oder besser gesagt, zwei adjektivische Ableitungen mit der Bedeutung passiver Partizipien der Vergangenheit.

Das eine wird mit der Endung e und dem Präfix a gebildet, z. B. adarīme, gebunden, akuntše, gelöst (v. kuntše, lösen).

Das zweite durch Wiederholung des letzten Stammkonsonanten mit ā davor und e dahinter, z. B. konāne (verbrannt), von kone (verbrennen). Diese bilden eine Pluralform auf u und eine weibliche Form auf a: konānu, konāna.

Bei der Bildung der einen wie der andern Art kommen viele Unregelmäßigkeiten vor.

---

[1]) Dies a scheint ein unbestimmtes Fürwort (man) zu sein, so daß z. B. adārīmēni bedeuten würde: man (a) band (dārīme) mich (ni) = ich wurde gebunden.

c) Verneinung.

57. Verbalformen werden verneint, indem man vor und hinter dieselben das Adverb ba stellt, z. B. mutum ba[1]) ya-tši ba nāma, der Mann ißt nicht (= kein) Fleisch.

Ba na- wird meist in ban- zusammengezogen: ban-sanni ba, ich weiß nicht.

Beim Imperativ gebraucht man statt dessen kadá, z. B. kadá ka-ša rua nan, trink dies Wasser nicht!

d) „Sein" und „haben".

58. Das Verbum sein wird durch die Stämme **nē**, **ke** und **tše** gegeben.

Ne wird nur mit einem männlichen, tše nur mit einem weiblichen Subjekt verbunden, während ke mit beiden verbunden werden kann.

Gewöhnlich ist nur der Aorist in Gebrauch:

na-ne (od. ni-nē), ich bin[2])	na-kē	na-tše
ka-nē, du bist.	ka-kē	ka-tše
ki-nē, usw.	ki-kē	ki-tše
ši-nē	ši-kē	š-tše
ta-nē	ta-kē	ta-tše
mu-nē	mu-kē	mu-tše
ku-nē	ku-kē	ku-tše
su-nē	su-kē	su-tše

Statt der Konjugationsfürwörter werden häufig die absoluten gebraucht, z. B. ita tše, sie ist.

Das Prädikat (Substantiv oder Adjektiv) steht in affirmativen Sätzen meist vor, in negativen Sätzen hinter der Kopula, z. B. (im ersteren Falle fallen die Konjugationsfürwörter stets fort):

yāro karami nē, der Knabe ist klein.
ubāna sarʼki nē, mein Vater ist ein König.
ši dāna nē, er ist mein Sohn.
yārīnya karamya tše, das Mädchen ist klein.
ita uwānsa tše (od. ita tše uwānsa), sie ist seine Mutter.
yāro ba ši-kē karami ba[3]) der Knabe ist nicht klein.
ni ba ni-nē ba sarʼki, ich bin nicht König.
yārīnya ba tā-tše karamya ba, das Mädchen ist nicht klein.

Im Sinne von „sich befinden" ist „sein" immer = kē, z. B. ši kē daga tšikin gidda, er ist im Hause; enna ši-kē, wo ist er? Akoi bedeutet „da ist", „da sind" (voilà).

59. „Haben" ist da. Im Gebrauch sind gewöhnlich nur die beiden Präsensformen:

---

[1]) ba mit folgendem ya fließt in der Aussprache oft zu bai zusammen. — [2]) Oder: war, bin gewesen, oder: werde sein. — [3]) Beachte die Stellung des zweiten ba hinter dem prädikativen Adjektiv.

ina-da oder nikē-da, ich habe.
kana-da „ kakē-da, du hast.
kina-da „ kikē-da, du (w.) hast.
šina-da „ šikē-da, er hat.
tana-da „ tana-da, sie hat.
muna-da „ muna-da, wir haben.
kuna-da „ kuna-da, ihr habt.
suna-da „ suna-da, sie haben.

Eine Art Partizip ist da (haben, besitzend), das in Verbindung mit Hauptwörtern zur Umschreibung von Eigenschaftswörtern dient, z. B. da rai (habend Leben =) lebendig; da hańkali (habend Verstand =) verständig.

Umschriebene Zeitwörter.

60. Das Verbum yī (tun, machen) in Verbindung mit einem Hauptwort dient oft zur Umschreibung eines verbalen Begriffs, z. B. yi māgánna (Worte machen =) sprechen, ebenso yi hańkali (aufpassen, acht geben), yi kūka (schreien), yi gírīma (wachsen), yi mafalki (träumen) usw.

61. Ähnlich wird ži (fühlen) gebraucht; ži yuńgwa (Hunger fühlen =) hungern; ži-kishi-n-rua, dürsten; ži tsōro, sich fürchten; ži taúsai, bemitleiden; ži kūmya, sich schämen usw.

Abgeleitete Zeitwörter.

62. Wir betrachten hier nur einige der wichtigsten Ableitungen vermittels der Suffixe **-da, še, u, da, yes, as, yesda, asda.**

63. Die Ableitungssilbe še macht intransitive Verben transitiv, transitive aber kausativ, z. B. samna (sitzen): samše zum Sitzen veranlassen, setzen; tši (essen): tšiše, essen lassen. Viele Unregelmäßigkeiten kommen dabei vor (wie oben samše statt samše), z. B. fiše, hinausbringen, von fitta, hinausgehen.

64. Die Endung u bildet mitunter neutropassive Verben von transitiven, z. B. budu, offen sein, von buda, öffnen.

65. Die Bedeutung der Ableitungssilben da, yes (as), yesda (asda) ist kausativ oder intensiv. Man vergl. saida (verkaufen), sayés (verkaufen), sayésda (handeln mit) von saye (kaufen).

Während bā (geben) zwei Akkusative regiert, muß bayés (geben) mit dem Dativ der Person verbunden werden, ebensowie bāda (abgeben, abliefern).

IV. Das Eigenschaftswort.

66. Einfache Eigenschaftswörter stehen als Attribut mitunter vor dem im Genitiv folgenden Hauptwort, als Prädikat meist hinter

demselben (aber vor der affirmativen Kopula, vergl. § 58), z. B. babá-n-sárki (ein großer König), aber sárki babá ne, der König ist groß.[1])

67. Das Adjektiv ist nach Geschlecht und Zahl veränderlich. Die weibliche Form wird meist durch a oder ya gebildet, der Plural (für beide Geschlechter) meist durch āye. Doch gibt es viele Abweichungen.

Ein Substantiv im Plural kann übrigens auch mit einem Adjektiv im Singular u. zw. in der männlichen Form verbunden werden.

Einige der häufigsten Adjektive sind:

männlich:	weiblich:	Mehrzahl:	Bedeutung:
kā́rami	karā́mya	karámai	klein.
baba	babua	mainya	groß.
dōgo	dōgua	dōgayé	hoch, groß.
nāgarí	tāgarí	nagarigaru	gut.
múgu	mugúnya	mīágu	schlecht, böse.
zofo	zofua	zofi	alt.
gašḗre	gašḗra	gašḗru	kurz.
bakki	bakka	babakku	schwarz.
fari	fara	farufarú, farare, farāye	weiß.
kekaše	kekasa (od. kekasaše)	kekasu	trocken.

a) Ersatz der Eigenschaftswörter.

68. Die Zahl der eigentlichen Adjektiva ist gering. Sie werden vertreten

a) durch Partizipien, aktive wie passive (§ 54 und 56). Besonders beliebt sind die Ableitungen mit mai-, Pl. masu-, z. B. wata maizakkua (von zakkua, kommen), der kommende (künftige) Monat;

b) durch Zeitwörter, welche den Begriff einer Eigenschaft einschließen, z. B. tšikka, voll werden, im Aorist (vergl. § 42) voll sein usw.;

c) sehr häufig durch das Zeitwort da (haben, besitzen) mit einem Hauptwort u. zw.

prädikativ: sukē da yuṅgwa, sie haben Hunger = sind hungrig; attributiv: mutum da[2]) yuṅgwa, ein hungriger Mann (vergl. § 59).

b) Komparation.

69. Besondere Formen für den Komparativ und Superlativ bildet das Eigenschaftswort im Haussa nicht. Die Vergleichung wird daher folgendermaßen mit Hilfe des Verbums fī (übertreffen) umschrieben:

---

[1]) Aber sárki ba ši-ne babá ba, der König ist nicht groß. — [2]) Unveränderlich, also mutane da yuṅgwa, hungrige Leute.

a) Komparativ: yāro nāwa ya-fī yāro nāka da gírīma, mein Knabe übertrifft deinen Knaben an Größe = ist größer.

b) Superlativ: yāro nāwa ya-fī duka da gírīma, mein Knabe übertrifft alle an Größe = ist am größten.

V. Das Zahlwort.

70. Die Grundzahlen sind:

1	dáia.	11	goma ša daia.
2	byu.	12	goma ša byu.
3	úku.	13	goma ša uku.
4	fúdu (húdu).	14	goma ša fudu.
5	byal.	15	goma ša byal.
6	šídda.	16	goma ša šidda.
7	bokói.	17	goma ša bokoi.
8	tókos.	18	goma ša tokos.
9	tā́ra.	19	goma ša tara.
10	góma.	20	íširin od. āširin, háuya.

Bei den Zahlen 11—19 kann goma auch fortfallen. Statt goma ša tokos sagt man auch iširin byu babu (= 20 weniger zwei) und statt goma ša tara auch iširin dai babu (od. babu dai).

71. Die Zehner (sämtlich arabische Fremdwörter) lauten:

30	talā́tin.	70	sebáin, sabáin.
40	arbaín.	80	tamānin.
50	hámsīn.	90	tíssain.
60	settín.	100	darí; zango.

Die Einer treten mit da (und) dahinter, z. B. hamsin da byal, 55. Doch werden 8 und 9 gewöhnlich wie bei 18 und 19 vom nächst höheren Zehner abgezogen, also 69 = sebain daia babu.

72. Die reinen Haussa-Ausdrücke für die Zehner werden mit Hilfe von háuya (20) gebildet, nämlich:

30	hauya da goma (= 20+10).
40	hauya byu (= 2×20).
50	hauya byu da goma (= 2×20+10).
60	hauya uku (= 3×20).
70	hauya uku da goma (= 3×20+10).
80	hauya fudu (= 4×20).
90	hauya fudu da goma (= 4×20+10).

Auch ein Plural von goma: gomia wird gebraucht, um die Zehner zu bezeichnen: gomia uku = 30 usw.

73. 101 ist dari **da** daia, 111 aber dari **da** goma ša daia, 136 dari da talatin da šidda.

Die Hunderter werden durch Multiplikation von dari (od. zango) mit den Einern gebildet, also 600 = dari šidda.[1]) Doch existieren einige (arabische) Nebenformen, so métin (200), arbamía (400), hamsamía (500) usw.

74. Tausend ist dúbu oder zámber, 10000 dubu (zamber) goma, 20000 dubu iširin, eine Million dubu dari goma oder dubu babán.

75. Die Grundzahlen stehen hinter dem Hauptwort.

Die Einer können auch mit den possessiven Suffixen verbunden werden, z. B. daiansu, einer von ihnen.

76. Die Ordnungszahlen werden von den Grundzahlen durch die Präfixe na- (für das männliche) und ta- (für das weibliche Geschlecht) gebildet, z. B. nagóma, der zehnte; tagōma, die zehnte.

Der erste ist unregelmäßig und lautet nafāri, weibl. tafāri; neben nabyú findet sich auch nabāya (tabāya).

Bei zusammengesetzten Zahlen wird nur die erste mit dem Präfix na- (ta-) versehen, z. B. tagōma ša byal, die fünfzehnte.

Der letzte ist nabáya (tabáya).

77. Multiplikativzahlen werden mit sō oder sau (mal) gebildet, z. B. sau goma, zehnmal.

78. Distributivzahlen bildet man durch Wiederholung der Grundzahlen, z. B. byu byu, je zwei, zu zwei und zwei.

79. Unbestimmte Zahlwörter sind nāwa (wieviel? wie viele?); dayawa, (viel, viele), dúka (alle), wonni — wonni, der eine — der andere; wóddansu, einige; kadán, ein wenig usw.

VI. Adverbien und adverbielle Ausdrücke.

80. a) Adverbien des Orts.

enna, wo? wohin?
dagga enna, woher?
koénna, irgendwo.
nān, nana, dagganān, wurinān } hier.
tšan, daggatšan } da, dort.
gabbā, vorn.

báia, na báia, hinten.
woše, draußen, hinaus.
chikkinsa, darin.
hanún hagū, links.
hanún dáma, rechts.
kussa, nah.
nēsa, fern, weit.
bissa, oben.
kassa, kalkaši, unten, herab.

---

[1]) dšaugu byu, das Schön und nach ihm Dirr gibt, ist Druckfehler für zango byu. — zango wird übrigens selten und nur beim Kaurizählen gebraucht.

81. b) Adverbien der Zeit.

yaúše, daga yaúše, wann?
koyaúše, irgendwann, immer.
yánzu, jetzt.
kōyanzu, eben, eben jetzt.
saanán, damals.
lottu nān, zu jener Zeit, damals.
lokatši nan, zu jener Z., damals.
ábbada, immer, stets.
dādaí (mit Neg.), nie, noch nie.
wota rāna, eines Tages.
rāna dúka, den ganzen Tag.
kumá, wieder.
dafāri, zuerst, früher.
kúlum, immer.
yāo, heute.
góbe, morgen.
džia, gestern.
šekarandžia, vorgestern.
dzībi, übermorgen.
dasāfe, früh morgens.
dasasafe, sehr früh.
da-sāfia, morgens.
da-marétše, abends.
da baia, zuletzt.
wotan gobe, nächsten Monat.
wotan džia, letzten Monat.
har yanzu, bis jetzt.

82. c) Verschiedene Adverbien.

kāka (kakka), wie?
dómi, warum?
hakka
hakkanan } so.
kamma, wie.
kōkakka, irgendwie.
kōhakka, gerade so, so.
sánu, langsam.
sanusanu, ganz langsam.
mássa, schnell.
massamassa, sehr schnell.
kua, ma, auch.
sai, nur.
kwarái
dayāwa } sehr.
dakat, schwer, mit Mühe.
lālā
aa } nein.
ī, ja.
ai
ašye } wirklich.

83. Viele Adverbien werden mit Hilfe der Präposition da (mit) umschrieben, vergleiche oben da sāfia u. a., ferner z. B. da kárīfi, kräftig.

Auch Verben können zur Umschreibung von Adverbien dienen. So schließt die in § 53 behandelte Verbalform die Adverbien „gewöhnlich“ oder „immer“ ein.

Das Verbum kussa (nahe sein) dient zu Umschreibung von „beinahe, fast“, z. B. ya-kusa fadua, er wäre beinahe gefallen. „Nicht mehr“ wird durch kāra (hinzufügen) mit der Negation gegeben, z. B. ba ši-kara gannīnsa, er sah ihn nicht mehr.

VII. Verhältniswörter.

84. Die einfachen Präpositionen sind:

da, mit, das Werkzeug bezeichnend, aber auch die Begleitung (von Personen und Sachen), z. B. taffi da (gehen mit =) mitnehmen; zo da (kommen mit =) mitbringen; tāre da, zusammen mit; vom begleitenden Umstande, z. B. da sāfe, morgens, da wuri, da kárlfi, mit Macht, kräftig; vom Stoffe (= von), z. B. sanda da kárlfe, ein Stock von Eisen.

Es ist natürlich identisch mit da, habend (§ 59).

ga (seltener a), bezeichnet die Richtung auf etwas zu = nach (... hin), zu (... hin), z. B. ga gidda-n-sarlki, nach dem Hause des Königs, oder einfach: zum Könige.

ga bezeichnet auch einfach ein Dativverhältnis wie ma und garē, es wird aber nur mit Hauptwörtern, nicht mit den Objektssuffixen verbunden.

ma, bezeichnet das indirekte Objekt, ebenso

garē, beide kommen nur mit den Objektssuffixen vor.

dagga, von ... her, aus; es bezeichnet meist einfach einen Ort oder einen Zeitpunkt (an) und erhält die Bedeutung „aus, von" erst durch die mit ihm verbundenen Zeitwörter, z. B. dagga enna ka fito, an welchem Punkte bist du ausgegangen? = von wo 2c.

Die einfachen Präpositionen stehen vor dem Hauptwort. Die persönlichen Fürwörter werden in Gestalt des Objektssuffixes angehängt (aber nicht an ga und dagga).

85. Mit Hilfe der einfachen Präpositionen bildet man eine Reihe präpositionaler Ausdrücke. Die richtigsten sind:

bissa ga bissa garē	auf.	baia ga baia garē	hinter.
dagga garē, von ... her.		har ga har garē	bis zu.
kussa ga kussa garē	nahe bei, bei.	gabba ga gabba garē	vor (örtl.).

Die mit ga verbundenen stehen vor Hauptwörtern, die mit garē gebildeten nehmen nur die Objektssuffixe.

dagga tšikki bedeutet wörtlich „im Innern" und muß daher mit dem Genitiv bez. den Possessivsuffixen verbunden werden. Je nach dem regierenden Zeitwort (vergl. dagga) kann es „in" (auf die Frage wo? und wohin?) oder „aus" bedeuten, z. B. ya-fito dagga tsikkin rua, er kam aus dem Wasser. Auch tšikki allein (mit dem Genitiv) kann in gleicher Bedeutung gebraucht werden. Vergl. auch daia tšikkinsu, einer unter ihnen.

dagga baia-n (im Rücken von =) hinter; dafür auch bloß baia-n (auch „außerhalb" bedeutend).

ga kalikaši-n (am Boden von =) unter usw.

VIII. Bindewörter.

86. Die Bindewörter sind wenig zahlreich; zum Teil sind sie in den Verbalformen bereits dem Begriffe nach enthalten (vergl. z. B. §§ 44, 47), z. B. uwāta tana sō en taffi, meine Mutter wünscht, daß ich gehe.

Wortverbindende Konjunktionen sind zunächst da, und; da ... da, sowohl ... als auch; (mit Neg.) weder ... noch; kō, oder.

Satzverbindende Konjunktionen sind:

amma, aber.
da, als.
doṅ, weil.[1])
en } um zu (vergl. § 40).
ga }
kō, ob; oder; sogar.
kṓda, selbst wenn, obgleich.

kadá } damit nicht (mit dem
doṅkadá } Aorist, § 44).
kadán } wenn.[2])
en }
doṅwonnan, doṅhakka, sábbaba wonnan, daher, deshalb, deswegen, aus diesem Grunde.
bamda wonnan, außerdem.

C. Systematische Wörtersammlung.[3])

1. Gott.

állā, Pl. allohi, Gott; ubangíši Allā, Gott der Herr; maisamma, der im Himmel; maiijāwa, mai-iko da kowa, der Allmächtige; errahmāni*, errahīmi*, der Barmherzige.

máiyi, Pl. masuyi, háliku*, der Schöpfer; halita*, schaffen (od. yī = machen).

aldžanna*, der Himmel (im rel. Sinne), das Paradies.

Isa, Jesus; dā-n-Allā, Gottes Sohn.

tsafi, Pl. tsafuna (od. tsafafuka), der Götze (auch gumki, Pl. gumakai).

2. Die Religion.

addīni*, die Religion; mai-addini, fromm.

laifi*, zunubi* (zunufi), Sünde; yī laifi, sündigen.

sálā*, Gebet (auch addua*); sállā* od. yī salā, beten (auch yi addua).

mūmini*, der Gläubige; bāda gáskia ga, glauben an.

zákā*, das Almosen.

mallami*, der Priester; mallamtši, mallamántši, das Priesteramt.

nasāra*, die Christen; labari nagari, das Evangelium.

musulmi*, der Muslim, Pl. musulmai; musulúmtši, Islam.

annābi*, der Prophet; annabántši, die Prophetenschaft.

masallatži*, die Moschee, Pl. masallatai.

kā́fēri*, Pl. kā́fēre od. madžūsi, Pl. madžusawa, der Heide.

kurā́n*, der Koran.

lā́hira*, das Jenseits; wūta lahira, die Hölle; alkiyāma, die Auferstehung.

ebilís*, Pl. ebilisai, der Teufel[4]); šaĭtāni (šetān, šaitān, saĭtana), der Satan.

3. Die Welt.

dūnia*, die Welt.

sámma, der Himmel; arēwa, Nord; gússum, Süd; gábbas, Ost; yamma, West.

rā́na, Sonne.

---

[1]) Mit dem Aorist auch: damit. — [2]) Vergl. § 43. — [3]) Die aus dem Arabischen stammenden Wörter sind mit einem Stern versehen. — [4]) Auch wonnakiri, Pl. wonnakirai.

wāta, Mond; sansanni, Hof.
tamrāro, Pl. tamrāru, Stern.
bāda haske, scheinen; fādua, untergehen; fīttowa, aufgehen.
mashi-n-tamraru (Sternlanze =) Sternschnuppe.

4. Die Natur.

híska, Pl. hiskōki, die Luft.
rúa, Pl. ruáye, das Wasser.
wūta, das Feuer; halši-n-wuta (Feuerzunge =) Flamme; hāyaki, Rauch; yī hāyaki, rauchen; tōka, Pl. tokūna, Asche.
háske, Licht (Pl. haskōki); sáfia ta-yī, es wird Morgen (= hell).
dūfu, die Dunkelheit; dēre ya-yī, es wird Abend (= dunkel); ya-yī dufu, es wird dunkel; da dufu, es ist dunkel.
abí (abu), Pl. abubua, das Ding, die Sache.
kē, existieren, dasein; akoi, da ist, da sind.

5. Die Zeit.

lōtu, die Zeit.
šékāra, Pl. šékāru, das Jahr.
wāta, Pl. watani, der Monat.
aldžímua*, die Woche.
kwāna, der Tag (24 Stunden).
rāna, Pl. kwānaki, der (helle) Tag.
dūnya ya waye = gari ya waye, es dämmert (früh).
sāfia*, der Morgen; da safia, morgens.
rāna tsakkāni od. tsakka-n-rāna, Mittag; laasar*, Nachmittag.
marétše, der Abend; da marētše, abends; magarub*, maguriba*, der Abend; lisha*, der späte Abend.
rāna ya taffi, es ist spät (abends); ya yī yauchi-n-zakua (er macht Verspätung des Kommens =) kommt spät.
dēre, Nacht; da dēre, nachts; tsakka-n-dēre, Mitternacht.

yāo, heute.
gōbe, morgen.
žia, gestern.
yanzú, jetzt; har yanzú, bis jetzt.

6. Der Raum.

wūri, Pl. wurāre, der Ort.
baba, Pl. mainya, groß; da gírīma, groß sein.
kárāmi, w. karāmya (karama), Pl. karamai, klein.
kánkani, w. kankana, Pl. kankanu, klein.
tsāyi, tsawo (tsawa), Länge; da tsawo, lang sein.
gašēre, w. gašēra, Pl. gašeru, kurz; gašerta, Kürze.
dōgo, w. dōgua, Pl. dōgāye, hoch.
zúrīfi, die Tiefe; da zúrīfi, tief sein.
kibba, Dicke = Beleibtheit; da kibba, maižiki, beleibt.
ramame, w. ramamya, mager; (yī) rama, mager werden.
nēsa, Entfernung; (da) nēsa, entfernt sein.
kussa, nahe sein; (Adv.) nahe (bei = ga); yī kussa, sich nähern.

7. Allgemeine Eigenschaften.

nāgarí, w. tāgarí, gut.
mugu, w. mugunya, Pl. miagu, schlecht.
da kyau, schön sein.
da naúyi, schwer sein (von Gewicht); da wuya, schwer = schwierig sein; nauyi, die Schwere; wuya, die Schwierigkeit.
sakkai, leicht (von Gewicht); ba šina da wuya, leicht sein (zu tun).
mōsi (motsi), die Bewegung; yī mōsi, bewegen; mōsa, sich bewegen.
tauri, die Härte; da tauri, hart sein; yī tauri, hart machen.
taftši, Pl. tafta, weich.

dādi, die Süßigkeit; da dādi, süß, wohlschmeckend sein.
doatši, die Bitterkeit; yī doatši, bitter sein; doatši, w. doatša, bitter.
tsami (sami), die Säure, die Schärfe; da tsami, sauer, scharf sein.
da rai, lebendig sein.
matátše, w. matátšia, Pl. matátu, tot.
kékaše, w. kekasášia, Pl. kekasásu, trocken; šainya, trocknen.

8. Farben.

kamma, laúni*, die Farbe; rinne, färben.
bakkı, w. bakka, Pl. babakku, schwarz.
fāri, w. fara, Pl. farufarú, farāre od. farāye, weiß.
dža, Pl. džadžayi, rot; džadža kadán, rötlich.
álgus, grün.
shūni, blau.
rawāya, Pl. rawāyu, gelb.
rinnéne, w. rinnéna, Pl. rinnénu, gefärbt.

9. Die Erde.

dúnia, die Erde (als Weltkörper).
kassa, die Erde (= der Boden).
gulbi, das Meer; baki-n-gulbi, das Gestade.
kōráma, der Fluß.
túddu, Pl. tuddōdi, der Berg.
sararí, Pl. sararé, das Tal.
ido-n-rua, die Quelle.
baki-n-rua, das Ufer.
fádama, der Sumpf.

10. Das Wetter (samma = Himmel).

dāmana, basara, Regenzeit.
dári, die Kälte, die kalte Jahreszeit; da dāri, kalt sein (z. B. Wasser); ya-yī dari, es ist kalt (Wetter); na-dži dari, mich friert; dari ya-kamani, ich habe mich erkältet.
zā́fi, Hitze; rua-n-zāfi (rua-n-demi), heißes Wasser; rāna da dumi = tana da zāfi, der Tag ist heiß.
hiskā, Pl. hiskōki, der Wind.
gašimare, Gewölk; girgiži, ziehende Wolke; lumshi, kleine, weiße, ruhende Wolken.
rua (-n-sama), rua (-n-Alla), rua (-n-bissa), der Regen; rua ya fādi, ya-yī rua, es regnet; malka, heftiger Regen; sárafa, andauernd regnen.
wólkia, der Blitz.
harādu*, der Donner (Pl. harade); ya yī haradu, es donnert, blitzt; mu-samu wolkia dayawa da rua da haradu, wir hatten ein Gewitter.
rua-n-kaṅkara, rua da kaṅkara, der Hagel.
baka-n-gizzo, baka-n-Alla, der Regenbogen.
hazo, der Nebel; yao rāna na hazo, es ist neblig heute.
dūnia ta girigissa, es ist ein Erdbeben.

11. Der Mensch.

múttum, Pl. múttāne, der Mensch.
nāmīži (námidži), der Mann, der Gatte; maza, die Gatten.
mátše, Pl māta, das Weib.
šariri, Pl. šariria, das Kind (kleines).
yāro, Pl. yara, der Knabe.
yarīnya, Pl. yamata, das Mädchen.
sārmáyi, der Jüngling.
búdurūa, Pl. budurai, die Jungfrau.
tsofo, Pl. tsofi od. tsofofi, der Greis; alt, bejahrt; tsofua, die Greisin, alt; tsofa (tsofe), alt werden, altern.
karāmi, klein = jung.
haife, gebären; aṅhaifḗni, ich wurde geboren.

yī gírīma, wachſen.
mútua, ſterben.
rūfē, begraben.

12. Säugetiere.

bissa, Pl. bissāše, das Tier; bissāše-n-daži, wilde Tiere; bissāše-n-gidda, Haustiere.
fata, Pl. fatuna, das Fell.
wūzia, Pl. wuzie, der Schwanz.
kofāto, Pl. kofatai, der Huf.
géza, die Mähne.
mīži, nāmīži, das Männchen; tōro*, Pl. torone, der Bulle; toro-n-giwa, Elefantenbulle; toro-n-zaki, männlicher Löwe.
matše, Weibchen.
dōki, Pl. dawāki, das Pferd; gōdya, Pl. gōdye, die Stute.
rākumí, Pl. rakumá, das Kamel; tāgua, Pl. taguai, Kamelweibchen; rākumi-n-daži, die Giraffe.
sā, Pl. sanu; badzimi, der Stier, Bulle; sānya, Pl. sanu, die Kuh.
džāki, Pl. džākai od. džakūna, der Eſel; džakainya, die Eſelin.
tumkia (dumkia), Pl. tumaki, das Schaf; rago, Pl. raguna, der Schafbock.
akwia, Pl. awāki, die Ziege; bunsuru, Pl. bunsurai und -aye, der Ziegenbock.
gādo, Pl. gadāye, das Schwein; matše-n-gādo, gadōnya, die Sau.
kyańwa (kenwa), Pl. kenwai od. kenwuna, die Katze; muzorō, wilde Katze.
gáfia, die Ratte.
kusu, Pl. kusai, die Maus.
karambiki, der Fuchs.
dilla, Pl. dillōli, der Schakal.
kurēge, Pl. kuragai, der Haſe, der Springhaſe; zomo, Pl. zomai, Haſe.
barḗwa, Pl. bareyi, die Antilope.
kusumbíssa, das Eichhörnchen.
zāki, Pl. zakōki od. zákuna, der Löwe; toro-n-zaki, der männliche Löwe; zakainya, die Löwin; dā-n-zaki, der junge Löwe.
gīwa, Pl. gīwaye, der Elefant; toro-n-giwa, der Elefantenbulle.
hakori-n-giwa, Elfenbein; hauri-n-giwa, ein ganzer Zahn.
bírri, Pl. birrai (birraye), der Affe.
birribirri, (kleine) Fledermaus.
karré, Pl. karnuka, der Hund; karre-n-gidda, der Haushund; karrya, die Hündin; hafshi, bellen.
kōra, Pl. korāye, die Hyäne.

13. Vögel.

zúnsua (tsuntsua), Pl. zunsuaye, der Vogel.
kwoi (koi), Pl. kwoinyaye, das Ei; adže kwoi, Eier legen; kwoi-n-kifi, Perle.
bāki, Pl. bakūna, der Schnabel.
gāši, die Feder.
fikafike, Pl. fikafikai (fukafuki, Pl. fukafukai), der Flügel; šawagi, fliegen.
gidda-n-zunsua, das Neſt.
kasa (kaza), die Henne, das Huhn; zakkara, der Hahn; dā-n-kaza, das Küchlein.
dúm(n)ia, die Gans.
mēke (mēkya, mīkya), Pl. mēkye, der Adler.
tsatsiwa, die Schwalbe.
baiwa-n-Alla, der Sperling.

14. Fiſche, Reptilien, Inſekten.

kifi, Pl. kifāye od. kifōfi, der Fiſch.
matšīži, Pl. matšizai, die Schlange.
kwaddo, Pl. kwaddi, der Froſch.
kudda, Pl. kuddáše, Inſekt, Fliege.
kudda-n-zumua, die Biene; zúmua, der Honig; gidda-n-zumua, der Bienenkorb.

kwaro, Pl. kwari (létāfi-n-Alla), der Schmetterling.
gizzo (gisso), die Spinne.
garra, Pl. garrāni, die (weiße) Termite; kiaši, Pl. kiaše, kleine, rote Ameise; kwarukwassa, große, schwarze Ameise.
fara, Pl. fare, die Heuschrecke.
kuma (koma), kolkótta, der Floh.

15. Pflanzen.

itše (itátše), Pl. itātua, der Baum.
gainya, Pl. gainye (gainyayi); tōfo, das Blatt.
fara, Pl. farfaru, die Blüte, die Blume.
dia, die Frucht; kwara, der Kern.
tšiāwa, Gras, Kraut.
dankāli, die Batate, die Süßkartoffel.
dāwa, Sorghum.
wāke, Bohne.
albássa*, Pl. albassai, die Zwiebel.
hatši (hatsi), das Getreide; alkámma*, Weizen; (da-)massara, Mais.
shinkáffa, Reis (in der Hülse); shinkaffa shanshēre (od. surfāfe), Reis (enthülst).
kāba, Pl. kabōbi, Palme (auch tukurua); bam, Palmwein (auch bumbi).
itatše-n-dabīno, Dattelpalme; dabīno, Dattel.
giginia, Pl. giginai od. giginyōyi, Delebpalme, Fächerpalme.
(g)baure, (g)bōre, Feigenbaum.
kūka, der Affenbrotbaum.
ayaba, die Banane (Strauch u. Frucht).
tankanda, das Zuckerrohr.
ábduga, die Baumwolle.
berkóno, der Pfeffer.
lēmu*, die Zitrone.

16. Mineralien.

dūši (dutši), Pl. duasu, der Stein.
zinārya, Gold.
azúrufa, Silber.
kárīfe, Eisen; matamatši, Eisenerz; karīfe-n-dža, Kupfer; kassa, Rost; kassa ta-kama karīfe, das Eisen rostet.
dalma, das Blei.
fara-wuta, der Schwefel (auch kibrīt*).
zeiba*, das Quecksilber.
aldžibbus*, Gips, Kalk.
rairai (rḗrē), der Sand.

17. Der menschliche Körper und seine Teile.

džīki, Pl. džīkuna, der Körper.
fāta, Pl. fatuna, die Haut.
kašši (kassi), Pl. kasusua, der Knochen.
nama, das Fleisch.
džīni, Blut.
kai, Pl. kaina, der Kopf; kaššin-kai, koinya-n-kai, der Schädel.
īdo, Pl. idānu, das Auge.
kuné, Pl. kunuá, das Ohr.
fúska, Pl. fuskōki, das Gesicht.
gōši, die Stirn.
gáši, das Haar.
hantši, Pl. hantšōtši, die Nase; hainya-n-h., Nasenloch; gora-n-h., Nasenrücken.
kumtši, Pl. kumātu, die Wange.
bāki, Pl. bakuna, der Mund.
lēbo, Pl. lebuna, die Lippe.
halši, Pl. halšina, die Zunge.
hakōri, Pl. hakōra, der Zahn.
hábba, Pl. habōbi, das Kinn.
géme, Pl. gemma, der Bart; maigēme, bärtig.
wuya (wiya), Pl. wiyayi, der Hals.
kafāda, Pl. kafādu u. kafadōdi, die Schulter.
dámši (damitši), der Arm, Oberarm.
hanu, Pl. hanua, hanúnua, die Hand; wuya-n-hanu, Handgelenk.

yaza, Pl. yazōži, der Finger.
gabbā, Pl. gabbōbi; kirdži, Pl. kiridžai, die Brust; nōno, Pl. nonua, die weibl. Brust.
zutšia, Pl. zutotši u. zukata, das Herz.
hákarikári, die Seite.
bāya, der Rücken.
tšikki, der Bauch.
handži, die Eingeweide.
kufu, fufu, die Lunge.
túmbi, Pl. tumbuna, der Magen.
káffo, Pl. kafáfu, der Fuß; sau, Fußsohle; dudugé, Pl. dudugái, Ferse.

18. Funktionen des menschlichen Körpers.

lumfaši*, der Atem; yī lumfaši, atmen.
bérītši, der Schlaf; yī berītši, schlafen.
mafalki*, der Traum; yī mafalki, träumen.
fál(a)ka, erwachen.
dāriā, das Lachen; yī daria lachen.
kuka, yi kuka, weinen; hawāye, Tränen; yī hawāye, Tränen vergießen.
tóna, tsúkke, kauen.
tōfi, ausspeien; tōfi, der Speichel.
taffi (Präs. taffia), gehen; yawo, wandeln.
tāši, aufstehen; tāši dagga berītši, vom Schlaf aufstehen.
zamna, sich setzen.
kwantše, sich legen (zum Schlaf).
tsaya, stehen.

19. Sinne und Seele.

kurua, Seele, Geist (auch Echo).
ži, hören, empfinden.
gánni, sehen.
dāndāna (dāndāni), kosten, schmecken; dādi, Wohlgeschmack.
ži doi, riechen; doi, schlechter Geruch; yī doi mugunya, schlecht riechen; da doi, übelriechend.
kamši, Wohlgeruch, Duft; bāda kamši, gut riechen.
kamna, die Liebe; yī (da) kamna, sō, lieben; abōki, Pl. abokai, der Freund; abōkya, die Freundin.
kī, hassen; makiyi, makiya; maikindži, der Feind.
bāda gírīma (Achtung schenken =), achten, ehren.
rēna, verachten; renane, w. renana, Pl. renanu, verachtet, verächtlich.
murna, die Freude; yī (ži) murna, sich freuen.
tsoro, die Furcht; ži tsoro, fürchten; bāda tsoro, tsorata, erschrecken (tr.).
ži haúši, sich ärgern, zornig sein.
tausai (tausaye), Mitleid; ži (yī) tausai, Mitleid empfinden.

20. Der Geist.

hańkali, der Verstand, die Klugheit; maihańkali, klug; da hańkali, klug sein; yī hańkali, aufpassen.
babu hańkali, dumm.
sanni, wissen, kennen.
fahumta (fahimta), ži, verstehen (Gesprochenes).
tsátši, denken, glauben; zetto = tsatši.
bāda gáskya (Glauben schenken =) glauben.
sō, wünschen, wollen; núffi, Wunsch; núffe, yi núffe (niffa), wünschen.
tunawa, die Erinnerung; tuna (da), sich erinnern (an; Präs. tunawa).
mantše, vergessen.
tamaha*, die Hoffnung; yī tamaha, hoffen.

21. Gebrechen und Krankheiten.

lāfya*, die Gesundheit; da lāfya, yī lafya, gesund sein.

tši(w)ūta, die Krankheit; maitšīwo, der Kranke; da tšiwo, yī (ži) tšiwo, krank sein; tšiwuta takama-ši, er ist krank geworden.
rai, das Leben; da rai, leben.
tšīwo, schmerzen (von Körperteilen); sággi, zōgi, Schmerz; ži tšiwo, Schmerz empfinden.
tšiwo-n-kai, Kopfschmerz; da tšiwo-n-kai, Kopfschmerz haben.
dāri ya-kama-ni (Kälte hat mich ergriffen =) ich habe mich erkältet.
tari (tuari), der Husten; (yī) tari, husten.
yī amai, sich erbrechen.
zázzābi, das Fieber.
makafo, Pl. makafi; kafo, Pl. kafi, ein Blinder; makamta, makamtši, die Blindheit.
kuruma, Pl. kurumai, ein Tauber; kurumta, kurumtši, die Taubheit; da kurumtši, taub sein.
bebe, Pl. bebāye, ein Stummer.
ráuni, die Wunde.
tšiuta-n-birni, Syphilis.

22. Arzt. Heilmittel.

maimágani, Pl. masumagani, der Arzt.
wórīkē, heilen (tr.), genesen; worīkēke, w. worīkḗkya, Pl. worīkēku, heil.
maganí, Pl. maganguna od. magunguna, die Arzenei, die Medizin.

23. Die Sprache.

māgánna, die Sprache; yī maganna, sprechen; māgánna, Pl. maganganú, das Wort.
mūrya, Pl. muryōyi, die Stimme.
tšē, sagen; fadá, erzählen.
kírra, rufen.
yī kūka, schreien.
támbaya, die Frage; yī tambaya, fragen.
amsa, die Antwort; yī amsa, antworten.
kúrrum, das Schweigen; da kurrum, yī kurrum, schweigen.
suna, Pl. sunua u. sunanaki, der Name; yī suna, nennen.

24. Tugenden.

nagerta, Güte; nāgari, w. tagari, Pl. nagargaru, gut.
alhēri*, die Wohltat; da alhēri, dankbar sein.
godya, der Dank; yī godya, gode (mit Akk. od. ma), danken.
kárīfi-n-zutšia, (Kraft des Herzens =) der Mut; makárīfi-n-zutšia, mutig; ba ya-ži tsōrō kōmi (er fürchtet nichts =) er ist furchtlos.
himma*, Fleiß, Eifer; da himma, fleißig sein; da šaggali* (šuggeli), eifrig sein.
gaskya, die Wahrheit; da gaskya, ehrlich.
háṅkuri (haṅkura), die Geduld; da od. yī h., geduldig sein; bāda haṅkuri (ma-sa), (jm.) trösten.
hállal*, was gesetzlich erlaubt ist; maihállal, tugendhaft.

25. Laster.

laifi*, Laster, Unrecht; yī laifi, Unrecht tun.
mugúnta, Schlechtigkeit; mūgu, w. mugūnya, Pl. miagu, schlecht; muttum mūgu od. mugu-n-muttum, der Bösewicht.
rāma, rächen; mairama, der Rächer.
tuba*, die Reue; yī tuba, bereuen; maituba, reuig.
šarra*, Böses.
hárram* = harāmu*, was gesetzlich verboten ist; abi-n-harram, Laster, Vergehen.

26. Die Stadt.

gari, Pl. garurua u. garigaru, die Stadt, das (kleine) Land; kōwye (káuye), die Vorstadt.

bĭrni, Pl. bĭrnua od. birāne, Hauptstadt; ungua, Pl. unguai, Stadtteil.

gimi, das Dorf.

garru-n-gari, die Stadtmauer.

kofa, Pl. kofofi, das Tor.

hainya, Pl. hainyoyi, der Weg, die Straße.

kataruku, Pl. katarukuna, die Brücke (=wuri wutše-n-tabki).

kássua, Marktplatz.

ridžia, Pl. ridžiyoyi, der Brunnen; gina ridžia, einen Brunnen graben.

baba, Pl. mainya, der Ortsvorsteher.

27. Haus und Möbel.

gidda, Pl. giddaše, Gehöft, Haus; dāki, Pl. dākuna, das (einzelne) Haus.

bissa-n-dāki, tanka-n-dāki, das Dach.

kōfa, Pl. kofōfi, die Tür (-n-dāki); bude, öffnen; budu, offen sein; rufe, zumachen; mabudi, Schlüssel.

bango, Pl. banguna od. bangaye, die Wand.

wuri-n-kwana, Schlafraum.

wuri-n-rubutu, Schreibzimmer, Bureau.

gaddo, Pl. gaddaši, das Bett.

máida*, der Tisch.

kuš(y)ēra, der Stuhl.

madubi-n-fuska, der Spiegel.

28. Gerätschaften. Toilettengegenstände.

tšintšia, šara, der Besen; šara (šare), yī šara, fegen, kehren; maišara, Kehrer; šarare (w. šarara, Pl. šararu), gefegt.

fatilla* (fitilla), Pl. fatillu, fatillai od. fatilloli, die Lampe; mai-n-fatilla, das Öl; hassa, anzünden; matše, auslöschen.

hassa (fura) wuta, Feuer machen; kašši wuta (das Feuer töten =) ausmachen.

wuta ta-furu, das Feuer brennt; gawai, Pl. gawaye, Kohle.

tukunya, Pl. tukwāne, der Topf.

tulu, Pl. tulina, der Krug; kasko, Pl. kasāki, kleiner Krug.

gūfa, Korb (auch gúffata, samfo, kwando, marari).

wuka, konga, das Messer.

tšokali, der Löffel.

sabuni* (-n-sello), die Seife; wanka, wanke, waschen.

masartši (Pl. masartai), masēfi (Pl. -ai, -una), masōshi, der Kamm.

yī aski, scheren, rasieren.

alura*, Pl. alurai, die Nadel; dumke (dumki, dumka), nähen.

29. Essen und Trinken.

abi-n-tši, Essen, Speise.

tši, essen.

kárya komillo (od. azumi), frühstücken.

kalatši, 1) das Mittagessen, 2) zu Mittag essen.

shinkaffa, gekochter Reis.

romo (romua), Suppe.

nāma, Fleisch; nama-n-šānu, Rindfleisch.

tuo, Grütze.

gainyāye, Gemüse.

yaya-n--itatua, Obst.

gurāsa, das Brot; gassa gurasa, Brot backen.

mai(-n-šanu), die Butter; mai dža, Palmöl.

gĭširi, Salz.

berkōno, Pfeffer.

madáffa, Pl. madaffai; wuri-n-dáffua, die Küche; maidáffua, maidáffi, der Koch.

dáffa, kochen; dafáfe, w. dafáfa, Pl. dafáfu, gekocht (auch nina, Pl. ninanu).
soiya, braten; soiyéye (soiyaye), w. soiyeya, Pl. soiyeyu, gebraten.
gassa, rösten; gasaše (gašeše), w. gasašya, Pl. gasasu, geröstet, gebraten; nama gašeše, Braten.
dainye, frisch.
šā, trinken.
nōno, Milch.
gáhawa* (gáhwa), Kaffee.
gia-n-azzabīr*, Wein; gia (giya), ein berauschendes Getränk.
tábba, Tabak; šā tabba, rauchen; maišā-n-tabba, Raucher; tūkunya-n-tabba, Pfeife.

30. Kleidung und Wäsche.

kāya-na, meine Sachen.
tufa*, Pl. tufōfi, das Kleidungsstück.
sa, anziehen (ein Kleid); damre kaya-nsa, sich ankleiden.
tūbe (fidda), ausziehen (ein Kleid); tūbe kaya-nsa, sich auskleiden.
yī áddo sich putzen.
riga, Pl. riguna, der Rock, Hemd; hanu, der Ärmel; alžifa*, Pl. alžīfu, die Tasche.
dámaritšikki, der Gürtel.[1])
wando (wondo), Pl. wanduna, das Beinkleid.
ráwani, Pl. rawuna, der Turban; rawani-n-sarauta, Krone.
mállafa, Pl. mallafuna (oder mallafai); garumfa, großer Strohhut; tagia*, Fez, Kappe.
tākalmi, Pl. tākalma, Schuh, Sandale; kufitta (kufutta, Pl. -ai), Sandale.
sānda, Pl. sanduna; džagora, der Spazierstock.
madubi, Pl. madubai, die Brille.
laīma, Pl. laīmoni, der Sonnenschein.
murda, Pl. murdōdi, die Schnupftabaksdose.
maiwanki tufa, der Wäscher; tufōfi, Wäsche.
bantē, Pl. -una, Schürze, Lendentuch.
alfuta*, Pl. alfutotši (alfutai); kallabi, Pl. kalluba, Taschentuch.
zobe (zobi), der Ring.

31. Die Familie.

iyāli*, die Familie.
mahaifi (mahaifa), die Eltern.
ōbá, der Vater.
ūwá, die Mutter.
dā, Pl. yāya, der Sohn.
dia, die Tochter.
dā-n-uwá, der Bruder; wā, Pl. yēyu, älterer Bruder; kāne, Pl. -ēna, -ōni, jüngerer Bruder.
yā (yata), ältere Schwester; kanua, jüngere Schwester.
kaka, Pl. kakakina, der Großvater; kakata, Pl. kakana, die Großmutter.
ziika, Pl. ziikōki, der Enkel; ziikata, Pl. ziikōkina, die Enkelin.
rafani, Pl. rafane, der Oheim.
kanua-n-uwā, die Tante (mütterlicherseits); gogo, Pl. goge, Tante (väterlicherseits).
dā-n-wā, da-n-ya, der Neffe.
dia-n-wa, dia-n-ya, die Nichte.
dā-n-wā, dā-n-kāne, der Vetter.

32. Ehe, Haushalt.

ámrē, die Ehe, Hochzeit; yī amrē da, (eine Frau) heiraten.
nāmīži, Pl. māza, der Gatte; amāri, Pl. amāre, der junge Gatte, Bräutigam.
māta, Pl. mataye, die Gattin, die Frau; amārya, Pl. amārye, die junge Frau; Braut.

[1]) Von Gras- oder Bastſtricken: guru.

namiži da mata-nsa, das Ehepaar.
góbŭro (gōro), Witwer; Junggeselle; goburānya (góbrua, gōrua), Witwe; Jungfrau.
maitákkabe, verwitwet.
maraya, Pl. marayōyi, die Waise.
bāra, Pl. barōri, barua, der Diener; barurua, die Dienerschaft; barānya, die Dienerin, die Magd; yī barantáka, barauta, dienen.
gáddo, erben; gaddo, das Erbe; magáddo, magadži, Pl. magadda, der Erbe.

33. Der Staat.

sárīki-n-dūnya, der Kaiser (Bezeichnung des türk. Sultans).
sárīki, Pl. sárīkai od. sarakuna, der König; saraunya, die Königin; sarauta, sarōta, das Königtum; die Regierung; rawani-n-sarauta, die Krone; killikiši, Pl. killikisai, der Thron.
masarautši, der Herrscher.
hakumta (hakumtše) gari, regieren.
mutāne, das Volk.
dā-n-gari, der Bürger.
maikauye, der Bauer.
mainya-mainya-m-mutāne, der Adel.
zārŭmi, Pl. -ai, Offizier der Leibgarde.
bāwa, Pl. bayi, der Sklave; baiwa (bauya), die Sklavin; bawantši, bauta, bautši, Sklaverei.
bāko, Pl. baki, bakuna od. bakokuna, Fremder, Ausländer.

34. Verbrechen und Vergehen.

laifi*, zamba*, das Verbrechen; yī laifi, yī zamba, ein Verbrechen begehen; maizamba, der Verbrecher.
kášši (kašše), töten, morden; kašši-n-kai, der Mord; maikašši, maikaššinkai, der Mörder.
maifešše*, Pl. mäfássa; maisanni, der Räuber.
baráo (Pl. barāye, barai), maisāta, der Dieb; baraunya, die Diebin; barautši, sāta, der Diebstahl; yī sāta, satše, stehlen.
yī mágani-m-mutua, jem. vergiften; māgani, deffi (daffi), das Gift.
zambatše (zambata), jemand betrügen; maizambatše, maizambata, der Betrüger.
zalumtši*, der Betrug, das Unrecht (das man jem. zufügt); yī zalumtši, betrügen.
rude, verführen; rudade (w. -a, Pl. -u), verführt; mairude, Verführer.
rikitše (rikitši), 1) Betrug, 2) betrügerisch handeln.
tšimbāya verleumden.
buga, schlagen; buga kofa, an die Tür klopfen; buga bindiga, schießen; mari, Pl. marumari, die Ohrfeige.
kašši kansa, Selbstmord begehen; mutu rua, ertrinken, sich ertränken; rataya kansa, sich erhängen.

35. Die Rechtspflege.

šeria*, das Gesetz, das Recht, Gericht; dōka, das Verbot.
alkali*, Pl. alkalai, der Richter; yī alkalantši, das Richteramt ausüben.
yī šeria, Recht sprechen, richten; hukumtši* (hakumtši), das Urteil.
bāda laifi, laifa, verurteilen.
palasa (falasa), die Strafe; palašē, bestrafen; na-yī maka tara

(= ich mache dir Tribut =) ich bestrafe dich.
dāki-n-dufu (Dunkelhaus), Gefängnis; sárīka, Pl. sarkōki, die Kette; márri, Eisenfesseln.
maišáhida*, der Zeuge.
gwaska, das Gottesurteil.
āda*, tāda, Pl. tadōdi, die Sitte, der Brauch.

36. Krieger und Waffen.

yadžia-n-būnūga, das Heer.
da-n-yaki, der Soldat.
maidoki, der Reiter, Kavallerist; másudawāki, die Kavallerie.
shirinyaki, kāya-n-dāga, die Waffe.
bindiga*, Pl. -gōgi, die Flinte, das Gewehr; bindiga da baki biu, Doppelflinte; bindiga baba, Kanone; makōdi, Kugel; albārus*, albarud, das Pulver; buga bindiga, schießen.
akotia, Pl. akotai, die Pistole.
takōbi, Pl. takūba, das Schwert; tagōmas, zweischneidiges Schwert.
baka, Pl. -una, der Bogen; kwori, der Köcher; kibia, Pl. kibo, der Pfeil.
māši (mādži), der Speer, die Lanze.
kwolkwoli, der Helm.
mōlo, die Musik; abi-n-mōlo, Musikinstrumente.
kaffo, Pl. -oni, -una, das Horn; busa kaffo, das Horn blasen, trompeten; maikaffo, der Hornist.
būsa, die Trompete; maibusa, der Trompeter.
kiddi, die Trommel; ganga, Pl. -una, die große Kriegstrommel; kiddi (kidda) molo, trommeln; makiddi, der Trommler.

37. Der Krieg.

yāki, Pl. -una, -ōke, der Krieg, der Kampf, die Schlacht; yī yaki, kämpfen, fechten; fádda, fechten.
harri, der Kriegszug; yī masa (= ihm) harri, gegen jem. zu Felde ziehen, Krieg führen gegen jn., ihn angreifen.
sansánni, das (Feld-) Lager; rami, Pl. ramuna, der Graben.
yesda (yada) māši, einen Speer werfen, als Zeichen der Kriegserklärung.
maikái-māgánna, der Kundschafter.
nássara* (nasartši), der Sieg; yī nassara (-n-yaki), den Sieg davontragen, siegen; yī nassara ga, jem. besiegen.
mākiyi, mākiya, der Feind.
artai, die Niederlage.
gúddu, fliehen.
bi, verfolgen.
kama, gefangen nehmen.
yī dādi, Frieden schließen.

38. Reise. Boten.

táffia, die Reise, yī táffia, reisen.
táffi, abreisen.
issa, ankommen, eintreffen.
fatautši, Reise zu Handelszwecken; yī fatautši, reisen; maifatautši, Reisender.
aiyari*, die Karawane; kai, tragen; kaya, die Last.
labari*, die Nachricht; fadá, mitteilen.
wotika, Brief.
manzō, Pl. manzani, Bote (bes. vom König); maaike, Pl. masuaike und maaika, der Bote; aiko, schicken, herschicken; aiki, hinschicken.

39. Schiffahrt.

žīrīgi, Pl. žirāge, das Boot, das Schiff; žīrīgi-n-yāki, Kriegsschiff; žīrīgi-n-wuta (-n-hayaki), Dampfschiff; maižīrīgi, der Schiffer.

itše (-n-žírïgi), der Mast (Pl. itatua-n-ž.).
tuka žírïgi, rudern; maituki, der Ruderer, Matrose; fulafule (filafile), Pl. fulafulai, das Ruder; matuki, das Steuerruder.
igiya, Pl. igōyi od. igiyōyi, das Tau.
takōko-n-kogi (od. -n-gulbi), der Hafen.

40. Die Schule.

makaranta*, die Schule.
makoiyi od. maïkoiya, der Lehrer.
koiya, lehren; koiyo, lernen.
karātu*, 1) lesen, 2) Erzählung, Geschichte; yī karatu, lesen.
litafi, Pl. litafafi, Buch.
takarda*, Pl. takardu, 1) Papier, 2) Buch, 3) Brief.
rubutu*, schreiben; mairubutu, der Schreiber; alkalami*, Pl. alkalamai, die Feder.
kidaya*, zählen, rechnen; muna kidaya, wir zählen.

41. Ackerbau. Viehzucht.

noma (nome, nomi), 1) hacken, ackern; 2) Feldarbeit, Ackerbau; mainoma, mainomi, Bauer, Landmann.
gona, Pl. gonaki, bebautes Feld, Pflanzung; maigona, Landmann; kassa der Boden.
danga, Pl. dangōgi, der Garten; darni, damfami, Zaun.
hánya, Pl. hanyi (hanyuna, hanyoyi), die Hacke (auch fatainya); šīra, hacken.
šipka (šukka), säen, pflanzen.
iri, Pl. irare, Same, Saat.
taši, aufgehen, wachsen.
nunnane (w. -a, Pl. -nu), reif (auch nennane); nenna, reif werden; bubabi, unreif.
kákka, Erntezeit (ca. November).
yenka (yenke), ernten.
bissaše, Vieh.
gárike (gerke), Pl. garikuna (gerkuna), 1) Herde, 2) Stall, Hürde.

42. Der Handel.

tšiniki, der Handel; yī tšiniki, Handel treiben, handeln.
falke, Pl. fatáke, Händler, Kaufmann.
saye (sayi), kaufen; saida, sayes (-da), verkaufen.
kaya, die Waren.
gidda-n-ajia, Store.
da tsada, teuer sein.
da araha, billig sein.
antaya, der Preis; nawa antaya, wie ist der Preis?
bia, bezahlen; bia baši, eine Schuld bezahlen.
kurdi, Geld; kurdi-nsa nawa, wie teuer ist es?; ba ši kurdi, es ist nicht teuer.
baši, Pl. basusuka, die (Geld-) Schuld; šina da baši-na, er ist mir schuldig (= ina bi-nsa baši); ya-faye baši, er ist sehr verschuldet.
mabatši, Pl. mabata, Gläubiger, Darleiher; madauki-m-baši, der Schuldner.
aro, das Darlehen; bada aro, jem. leihen; yī aro, etw. (für sich) borgen; yī ramtše-n-kurdi, (sich) Geld borgen.

43. Gewerbfleiß und dessen Erzeugnisse.

aiki, Arbeit; yī aiki, arbeiten.
maaiki, Pl. masuaiki, der Arbeiter.
kāya (-n-aiki), das Werkzeug.
yī daki, ein Haus bauen; gīna, graben, bauen.
masasaki, Pl. masasaka, Zimmermann, Tischler; gátari, Pl. gátara (gátura, gátarua), die Axt.

makiri (= maikira), der Schmied; makera, Amboß; kira, schmieden; masaba, Pl. masabai, der Schmiedehammer; zikka-n-wuta (Feuersack =) Blasebalg.

madumki, der Schneider (Pl. madumkai); madúmkia, Schneiderin; madinkia, Nadel; dumke, nähen (= dumka, dumki); almakassi*, Pl. almakassai, die Schere.

maiaski, der Barbier; aski, yī aski, rasieren; aska, Pl. asāki, Rasiermesser;

mafautši, Schlächter, Fleischer; fawa, schlachten; wuri-n-fawa, Schlachthaus.

masaka, der Weber; Schiffchen; saka, weben; sakáke (w. -ya, Pl. -u), gewebt; takala, Webstuhl.

44. Jagd, Fischfang.

faraúta, die Jagd; yī farauta, jagen; táffi (od. zua) farauta, auf die Jagd gehen; mafarautši, Pl. mafarauta, der Jäger.

kamu kifi, Fische fangen, fischen; makamu kifi od. maikamu kifi, Fischer.

kamu kifi da taru, mit dem Netz fischen; taru, Pl. taruna, das Netz.

kugiya-n-kifi (Pl. kugiyōyi), Angel.

45. Allgemeine Handlungen und Zustände.

da anfani, nützlich sein; anfani, der Nutzen.

bā, geben.

bāda, jem. etw. angedeihen lassen; bada girima, ehren; bada laifi, verurteilen.

bata, zerstören (= batas, batasda).

bayesda, zurückgeben.

ber = berri, erlauben.

bi, folgen.

bude (budi), öffnen; budu, offen sein.

buga, schlagen.

dawoiyo, wiederkommen.

žima, warten.

fāda, fallen.

fayē, reich sein (an = Akkus.), viel haben (von).

fi, übertreffen.

fitta, herausgehen aus; fitto herauskommen aus.

gaida, grüßen.

gamu, begegnen.

guddu, laufen.

hawa, hinaufsteigen.

iše, genügen.

iya, können.

kadi, spinnen.

kai, tragen.

kama, fassen, ergreifen, fangen.

kawo, bringen.

koma, zurückgehen; komo zurückkommen.

kona, verbrennen (tr.).

kwantše, liegen.

nema (neme), suchen nach.

rassa, verlieren.

rufe (rufi), schließen.

samu, finden.

sanni, wissen.

sare, schneiden.

šigga, eintreten; šiggasda, eintreten lassen.

taffi, hingehen; taffo, herkommen.

tsaga, zerreißen.

tsaya, still stehen (= tsayi).

yī, tun, machen; yī wórīgi, spielen.

zaba (-i, -e), wählen.

zamna (-e), sitzen, bleiben, wohnen.

D. Häufige Redensarten.

1. Fragen.

kai wā nē?	Wer bist du?
kai dā-n wāne garī nē?	Was für ein Landsmann bist du?
mī kē nán?	Was ist das?
mī farú?	Was ist geschehen? Was ist los?
wāne žīrīgi kē nan?	Was ist das für ein Schiff?
mī sūnānka?	Wie heißt du?
minēne sūna-n-garī nán?	Wie heißt die Stadt dort?
daggá énna kúna táffōwa?	Woher kommt ihr?
énna aṅhaifēka?	Wo bist du geboren?
énna giddansa kē?	Wo ist seine Wohnung?
enna kē gidda-n-sārīki?	Wo ist die Wohnung des Königs?
nāwa šékarūnka?	Wie alt bist du?
mī kána yi?	Was machst du?
(zua ga) énna kána táffīā?	Wohin gehst du?
mi yana sō?	Was will er?
mi kána némawa?	Was suchst du?
nāwa ántayānsa?	(Wieviel ist sein Preis =) Wieviel kostet es?
yaúšẹ ya mutu?	Wann ist er gestorben?
yaúše zāši zákkua?	Wann wird er kommen?
sábada mī kána kómōwa?	Warum kommst du zurück?
kāna láfia?	Befindest du dich wohl? = Wie geht's?
wātše íri-n-dōki ke nán?	Was für ein Pferd ist das?
daggá nan har ga Timbuktu kwana nawa?	Wie weit ist es von hier nach Timbuktu?
énna labári-n-dúnia?	Was gibts Neues?
gáskiā kō kāriā tše?	Ist es wahr?
mi kāna tšéwa?	Was sagst du?
wā ya fadá máka nán?	Wer hat dir das gesagt?
mī yana tšēwa mútume nán?	Was sagt der Mann?
mi ka fadá mása?	Was hast du ihm gesagt?
ka ži māgánna-na?	Hast du mich (w. meine Rede) verstanden?
ba ka ži ba māgánna-na?	Hast du mich nicht verstanden?
kana ži-n abinda ina tšēwa maka?	Verstehst du, was ich dir sage?
ka sánni māgánna-n-Háusa?	Verstehst du Haussa?
kana tambayēni?	Fragst du mich?
gíddā-n-wā kē nán?	Wem gehört dies Haus?
dā-n-wā kē kai?	Wessen Sohn bist du?
ka iya rubútu?	Kannst du schreiben?

kúna da abintši?	Habt ihr Nahrungsmittel?
yáuše zāni zákkua?	Wann soll ich kommen?
ubangīži ke tšikki-n gíddā-nsa?	Ist der Herr zu Hause?
ka sánni énna ya taffí?	Weißt du, wohin er gegangen ist?
ka yi tuo?	Hast du das Essen bereitet?
mī zāmu tši yáo?	Was essen wir heute?
dómin ka yi gudu?	Warum bist du fortgelaufen?
ka bāda rūa ga dōki?	Hast du dem Pferde zu trinken gegeben?
ku kāma barāo?	Habt ihr den Dieb gefaßt?
kāna da tšīwo?	Bist du krank?
wātše tšiūta ta kāmaši?	Was fehlt ihm (wörtlich = welche Krankheit hat ihn ergriffen)?
ka gāží?	Bist du müde?
ka gámma aíkīnka?	Bist du mit deiner Arbeit fertig?
nāma ta íssa?	Ist das Fleisch gar?
domin kana zamna dagga nan?	Warum sitzest du hier?
wāne aíkōnka?	Wer hat dich hergeschickt?
domin kana ži-n tsōro?	Warum bist du erschrocken?
ka sō ka yi áiki?	Willst du arbeiten?
ka sō en bāka māganī?	Willst du Medizin haben?
énna garīnka ši kē?	Wo ist dein Dorf?
énna rūa ši kē?	Wo ist Wasser?
énna háinya ta kē?	Wo ist der Weg?
énna ubānka ši kē?	Wo ist dein Vater?

2. Befehle.

ka taffí! — ya taffí!	Geh! — er soll gehen!
ka taffí sanúsanú! (mássamássa!)	Geh langsam! (schnell!)
ka taffí ka kai másu labāri!	Geh und bringe ihnen Nachricht!
ka táffō ga nán!	Komm hierher!
ka táffō kússa!	Komm näher!
ka šígo tšikki-n gídda!	Komm ins Haus!
ka gōda máni hainya!	Zeige mir den Weg!
ka táffō tāre da ni!	Komm mit mir!
ka bāše garēni nan!	Gib mir das!
ka būga kōfa!	Klopfe an die Tür!
ka taffí ka tayēsda-ši.	Geh und wecke ihn auf!
kar bérši ya šīgo!	Laß ihn hereinkommen!
ka bāni rūa kādán!	Gib mir etwas Wasser!
ka rūfe kōfa!	Mache die Tür zu!
ka kāwo tuo!	Bringe das Essen!
ka fūra wūta!	Mach Feuer an!
ka kírrāwo maikēra!	Rufe den Schmied her!
ka fadí mása ya táffō mássamássa!	Sag ihm, er solle schnell herkommen!
ka támbāyēši!	Frage ihn!

3. Affirmative Sätze.

abinda na fadī máka, gáskiā ne.	Was ich dir gesagt habe, ist Wahrheit.
kadán na túna kwaraí.	Wenn ich mich recht entsinne.
dubā́rānka nagarā tšē.	Dein Rat ist gut.
na ži mútāne súna tsēwa.	Ich habe die Leute sagen hören.
na bāda gáskia ga abínda kana tšēwa.	Ich glaube, was du sagst.
ya yi alkáwali da ni.	Er hat mir versprochen...
ina da abi en fadá máka.	Ich habe dir etwas zu sagen.
nāsa nē nán.	Das gehört ihm.
dúka daía nē.	Das ist einerlei.
ina sō en sā́yō ...	Ich wünsche ... zu kaufen.
ina da yuńwa.	Ich habe Hunger, mich hungert.
na gā́ží.	Ich bin müde.
šékārūnsa šídda.	Er ist sechs Jahr alt.
ya gírmēni.	Er ist älter als ich.

4. Verneinende Sätze.

ba ši kē ba.	Er ist es nicht.
ba ši kē hákka ba.	So ist es nicht.
bābu kōwáne.	Es ist niemand da.
bābu mútum ga tsikki-n gidda.	Es ist niemand im Hause.
ba ina da kōmi ba.	Ich habe nichts.
ba ina sō kōmi.[1]	Ich will nichts.
ba ši táffō múttum.	Es ist niemand gekommen.
ban[2] gánē-ši ba.	Ich habe es nicht gesehen.
ban žī kōmi ba.	Ich habe nichts gehört.
ban sánni ba.	Ich weiß (es) nicht.
ban žī māgánnānka.	Ich verstehe dich (wörtl. deine Worte) nicht.
ban īya tūnawa ba.	Ich kann mich nicht erinnern.
ba rūana.	Es geht mich nichts an.
bābu ruāna garēsa.	Ich habe nichts mit ihm zu tun.
kúrdi ba ya gámmu ba.	Das Geld stimmt nicht.
wónnan ba ya íssa ba.	Das genügt nicht.
ba ši nēsa ba kwarái.	Es ist nicht sehr weit.
ba na taffí wónni wūri ya fī wónnan.	Weiter gehe ich nicht.
tūnda rāna ba ta yi tsákka ba.	Ehe es Mittag wird.
sámma ba ta da kyáu.	Das Wetter ist nicht schön.
ba ya fadā́ máni kōmi ba.	Er hat mir nichts gesagt.

[1]) Das zweite ba der Verneinung kann auch fehlen. — [2]) Häufige Kontraktion für ba na.

ubangīži ba šina ga tsíkki-n gídda.	Der Herr ist nicht zu Hause.
ban iya bānku yértši.	Ich kann es dir nicht erlauben.
wónnan ba šina da kyau-n-gánni.	Das sieht nicht gut aus.
wónnan gidda ba tana da kyau-n-ganni ba.	Dies Haus sieht nicht gut aus.
ban bāda máka gáskyā ba.	Ich glaube dir nicht.

5. Vermischte Phrasen.

ína sō yi-n bértši.	Ich will schlafen.
ína sō tāši daggá nán.	Ich will von hier aufbrechen (abreisen).
kadá ku yi kurúrua!	Macht keinen Lärm!
dómi kana yi-n kūka?	Warum weinst du?
ína sō fūra wuta.	Ich will Feuer anzünden.
ba ni abōki-n-gabā́.	Ich bin kein Feind.
ína sō rūa, abíntši, nónō, šin-káffa.	Ich will Wasser, Speise, Milch, Reis haben.
ba ni da dāma . . .	Ich habe keine Zeit zu . . .
ya yi kwā́nāki . . .	Es ist Zeit zu . . .
da rā́na ta yi.	Als es Tag wurde.
da garí ya wāye.	Als es hell wurde.
dúnya ta yi dére.	Es ist Nacht.
sā́fiā ta yi.	Es wird Morgen.
saa nāwa?	Wieviel Uhr ist es?
rā́na ta kússa fā́duā.	Es wird Abend.[1]
díla ya kā́ma kā́fāta.	Mein Bein ist eingeschlafen.
na yi mafálki na matšīži.	Ich habe Alpdrücken gehabt.[2]
ya páše da dā́riā.	Er brach in ein Gelächter aus.
su fāra guddu.	Sie fingen an zu laufen.
ina da kārāmā-n-kārīfi.	Ich bin schwach.
šēkārúna šídda.	Ich bin sechs Jahr alt.
na fī-ka gírīma.	Ich bin älter als du.
ba ka gírīma ba ga áiki.	Du bist zu jung zur Arbeit.

[1]) Wörtlich: Die Sonne ist nahe am Untergehen. — [2]) Wörtlich: Ich habe von Schlangen geträumt.

Inhaltsverzeichnis.

Druck von Hesse & Becker in Leipzig.

Zeitfracht Medien GmbH
Ferdinand-Jühlke-Straße 7
99095 Erfurt, Deutschland
produktsicherheit@kolibri360.de